PEDAGOGIA FEMINISTA NEGRA

PRIMEIRAS APROXIMAÇÕES

Carolina Pinho
e Tayna V.L Mesquita
(organizadoras)

SERPENTE

APRESENTAÇÃO

O livro *Pedagogia feminista negra: primeiras aproximações* é composto das vozes de doze autoras, com pertencimentos ativistas e profissionais diversos. São militantes de diferentes movimentos sociais, pesquisadoras e educadoras oriundas de diferentes territórios do Brasil e do mundo. Subjetividades que concordam em pontos essenciais: são todas pensadoras feministas negras insurgentes, comprometidas com a promoção de uma vida justa para toda a humanidade. Os símbolos ancestrais concordam. Neste livro, *Ejilaxeborá* responde com doze búzios abertos.

A proposição desta oferenda analítica é desdobramento da primeira edição do Curso de Extensão Pedagogia Feminista Negra, oferecido pela Universidade Estadual de Feira de Santana (UEFS), sob coordenação de Dra. Carolina Santos B. de Pinho, em 2020. Naquele ano, nos reunimos em torno da aposta na possibilidade de (re)imaginação do presente. Um presente marcado por uma pandemia mundial, pela *colonialidade do ser, do poder e do saber* (Bernardino-Costa, Torres & Grosfoguel, 2019), bem como por projetos de aniquilação da existência material, espiritual e simbólica dos grupos oprimidos, nas palavras de Fanon (1968), dos "condenados da Terra". No Brasil, esses projetos se expressam pela ausência de políticas públicas de combate à pandemia, mas também pelo aumento expressivo da fome e do desemprego. O país é um dos cinco maiores produtores de alimento do mundo, mas retornou ao mapa da fome. Atualmente já tem mais de 12 milhões de habitantes em extrema pobreza, dado que continua aumentando. A estimativa é de que cerca de 5,4 milhões de pessoas – o equivalente à população da Noruega – passem para a extrema pobreza em razão da pandemia no Brasil.

Entretanto, esse quadro não se limita ao território nacional. A fome, que já avançava nos últimos anos, deve bater recordes semelhantes aos de uma guerra. Segundo o Relatório da Organização das Nações Unidas para Alimentação e Agricultura (FAO), em 2019, 8,9% da população mundial já não tinha o que comer, entretanto essa condição foi agravada pela recessão global causada pelo novo coronavírus: entre 720 e 811 milhões de pessoas enfrentaram a fome no ano de 2020. Mesmo entre quem tem o que comer, vemos uma tendência à insegurança alimentar e desnutrição: 2 bilhões de pessoas no mundo sofrem de insegurança alimentar, ou seja, não têm acesso regular a alimentos nutritivos em qualidade e quantidade suficientes (FAO, 2021).

São dados alarmantes, que demonstram um cenário de aprofundamento da desigualdade social e da pobreza, especialmente nas populações que já sofriam com tais problemas. Isso ratifica a tese de que a humanidade vive um tempo histórico configurado por uma profunda crise no capitalismo (Lênin, 2008).

Mas há uma população que sofre ainda mais os impactos dessa crise. O Índice Global de Pobreza Multidimensional (OPHI, 2019) aponta que a pobreza no mundo atinge mais as mulheres, pessoas negras e a população LGBTQIA+, especialmente quando vivem no Hemisfério Sul. Essas pessoas ficam ainda mais vulneráveis diante da priorização dos lucros em detrimento à vida. O aprofundamento da desigualdade de gênero em relação ao acesso à alimentação causado pela pandemia de COVID-19 comprova essa afirmação: a insegurança alimentar moderada ou grave era de 6% maior em mulheres em 2019 e, em apenas um ano, saltou para 10% (FAO, 2021).

Como em todos os tempos, tais projetos de aniquilação não são admitidos passivamente pelos sujeitos. Somando-nos às ações coletivas que têm sido desenvolvidas, em especial pelos povos negros, quilombolas, indígenas e LGBTQIA+, propusemos o Curso de Extensão Pedagogia Feminista Negra como parte de um projeto mais amplo de resistência e instrumentalização para promoção de novos marcos civilizatórios. Essa proposta partiu da compreensão de que a educação pode atuar para manter ou transformar as relações sociais em vigor. Se sabemos que estamos em um momento crucial de disputa pelos rumos da sociedade, em que a vida dos mais vulneráveis está em jogo e até mesmo a espécie humana, é necessário apontar uma perspectiva de educação em seu sentido mais amplo, como instrumento de luta pela emancipação humana.

Cresce a necessidade de alternativas reais a fim de promover um futuro digno para todo mundo. Nessa direção, é fundamental romper definitivamente com perspectivas que alimentem saídas baseadas em idealismo. Enquanto a extrema direita busca fortalecer o obscurantismo, precisamos consolidar perspectivas que estejam comprometidas com o revigoramento da luta da classe trabalhadora, em especial da população negra, indígena e de todas aquelas que têm sido subalternizadas para manter o lucro dos capitalistas.

O Curso de Extensão Pedagogia Feminista Negra se ancorou nessa perspectiva e teve como objetivo central promover a sistematização e elaboração de saberes emergidos na práxis e no pensamento feminista negro. Tais saberes constituem uma teoria educacional crítica – da prática da liberdade e da transformação da realidade social – que chamamos de *Pedagogia Feminista Negra*.

Assumindo como princípio os valores da coletividade e da dialogicidade, foi possível desenvolver uma genuína *comunidade de aprendizado*, como afirmaria bell hooks (2020). Com relação ao corpo docente, o curso contou com a colaboração de treze professoras convidadas, vinculadas a oito universidades do Brasil e do mundo e a movimentos sociais: Keisha-Khan Perry (Brown University), Joice Berth (Feminismos Plurais), Luciana Alves (Unicamp), Edilza Sotero (UFBA), Flavia Rios (UFF), Magali Mendes (Promotoras Legais Populares de Campinas), Maria Clara Araújo (PUC-SP), Erica Williams (Spelman College), Barbara Carine (UFBA/Escolinha Afro-Brasileira Maria Felipa), Edite Faria (Uneb) e Ana Carolina Dartora (UFPR), além das idealizadoras do curso, Carolina Santos B. de Pinho (UEFS) e Tayná Victória de Lima Mesquita

(Unicamp). Quanto ao corpo discente, tivemos a difícil tarefa de selecionar, entre quase 1.500 inscrições, um coletivo de cem pessoas que pudessem representar a diversidade deste contingente mais amplo, composto por estudantes universitárias, pós-graduandas, professoras da Educação Básica, militantes dos movimentos sociais e egressas do sistema penal.

O presente livro avança no esforço de sistematização e elaboração proposto no curso, a partir das vozes de nossas doze autoras, entre docentes e discentes dessa rica experiência. O percurso analítico está organizado em dois eixos articulados: primeiro, um conjunto de cinco capítulos abre o livro, compondo as *Bases e Fundamentos* da Pedagogia Feminista Negra; depois, sete capítulos compreendem propostas de *reinvenção do presente e do futuro*, a partir do compartilhamento de reflexões articuladas a relatos de experiências contemporâneas.

O primeiro capítulo, de Carolina Santos B. de Pinho, aponta os elementos fundamentais que constituem a teoria educacional crítica da pedagogia feminista negra. A autora resgata o histórico de lutas e práticas criativas que marca a relação do povo negro, em especial no Brasil, com o direito à educação, além de beber das formulações do pensamento feminista negro corporificado na produção de intelectuais negras das Américas e do Caribe. Partindo da dialética entre teoria e prática, Pinho indica dez postulados fundamentais que configuram a espinha dorsal dessa pedagogia, cujo sentido último é o compromisso com a justiça social.

O segundo capítulo, escrito por Tayná Victória de Lima Mesquita, dá andamento ao diálogo enfocando o debate a respeito das relações entre raça, gênero, experiência e processos de subjetivação, categorias cuja reflexão tem ocupado posição privilegiada na produção feminista negra. Dialogando com os estudos decoloniais, a sociologia do antirracismo, as teorias raciais críticas na psicanálise e o pensamento feminista negro, Mesquita problematiza a *decolonização do Eu* assumindo a práxis feminista negra como instância pedagógica na qual se articulam imaginários, possibilidades políticas e epistêmicas que, em resposta à *pedagogia do racismo*, nos educa para (re)elaboração subjetiva e objetiva de si: tornar-se negro, tornar-se sujeito político.

O terceiro capítulo, de Aline Odara (Aline Telles Coelho), conecta passado, presente e futuro. Tomando como objeto empírico os fundos solidários de pessoas negras, aponta o caráter pedagógico dessa forma de organização, que ao longo de toda a nossa história instrumentaliza a autonomia e os projetos coletivos de empoderamento das comunidades negras.

Maria Clara Araújo dos Passos nos presenteia com o quarto capítulo. Resgatando o histórico de lutas e conquistas do movimento de travestis e mulheres transexuais no Brasil, a autora evidencia as contribuições do movimento para o enfrentamento da *ciscolonialidade do ser, do poder e do saber*, demonstrando – tal como se observa com relação ao movimento negro – que o movimento de travestis e mulheres transexuais no país também incorpora o papel de (re)educar sujeitos, territórios e instituições. Portanto, é um agente educador de toda a sociedade brasileira.

No quinto capítulo, a pedagogia feminista negra encontra o universo da Educação Infantil, etapa inicial e crucial da Educação Básica, a partir da qual milhares de crianças negras e não negras são socializadas para apreender os diferentes sentidos do processo de racialização e assumir ou subverter as hierarquias de poder. Nesse capítulo, Elisa Amanda Santos do Amaral e Carolina Santos B. de Pinho nos apontam um caminho para organização de um trabalho pedagógico antirracista, ancorado nas contribuições da práxis e das epistemologias feministas negras.

Rívia de Jesus Santos abre o segundo eixo do livro, com a escrita do sexto capítulo. Discente da primeira edição do Curso de Pedagogia Feminista Negra (UEFS), apresenta um balanço do referido curso, ancorado na análise de narrativas colhidas pela autora entre as demais alunas. As conclusões apontam para o impacto dessa experiência no processo de promoção da autodefinição e fortalecimento das vozes de mulheres negras.

O sétimo capítulo é de Magali Mendes: militante histórica dos movimentos negros e de mulheres negras no país, Promotora Legal Popular e integrante da Associação de PLPs Cida da Terra, com sede na cidade de Campinas (SP). A autora nos (re)educa compartilhando saberes gestados no feminismo que é construído por ela há décadas: um feminismo negro e popular.

Erica Lorraine Williams, autora do oitavo capítulo, nos convida à promoção de uma solidariedade transnacional, compartilhando sua experiência multissituada enquanto docente da Spelman College (faculdade estadunidense exclusiva para mulheres negras) e também enquanto antropóloga e pesquisadora que nos últimos anos tem produzido conhecimento em diálogo com a vivência das mulheres negras brasileiras.

O capítulo escrito por Carolina Aparecida Gonçalves é um convite a olhar para dentro de si. Partindo de sua experiência pessoal, em diálogo com a contribuição de diversas intelectuais, Gonçalves reflete sobre a contribuição produtiva do feminismo negro para a constituição de subjetividades negras afirmativas e decolonizadas – um lugar para cura.

O décimo capítulo, de Urânia Santos das Chagas, problematiza o universo da alfabetização científica em sua perspectiva historicamente eurocêntrica. A autora propõe, em contrapartida, uma alfabetização científica feminista e pautada em princípios da pedagogia feminista negra, como a "reconexão com tradições intelectuais subjugadas", a valorização da "experiência vivida como critério de cientificidade", a "assunção explícita de um projeto político de sociedade que assuma a luta antirracista", e o "compromisso com a justiça social".

No penúltimo capítulo, Laila Fernandes de Oliveira volta o olhar para um instrumento essencial para os espaços de educação formal (e também informal), o Plano Político Pedagógico (PPP). Num exercício de *imaginação pedagógica* e assumindo a promoção da igualdade racial e de gênero enquanto um indicador de qualidade na educação, articula a proposição de uma noção de PPP informada por uma perspectiva feminista negra.

Maria Fulgência Silva Bomfim contribuiu com o último capítulo do livro, registrando uma experiência de intervenção *griot* – que valoriza o saber produzido nos territórios e a partir das diferentes localizações epistêmicas – no contexto de uma escola estadual de Feira de Santana (BA). Promovendo uma releitura do vivido, a autora aponta um exemplo prático de atuação pedagógica inventiva e que dialoga com uma pedagogia feminista negra.

Os textos que apresentamos neste livro não têm a pretensão de expressar uma homogeneidade de posicionamentos de mulheres negras sobre educação. Mulheres negras são diversas e complexas e, como tal, apresentam posicionamentos tão variados que não caberiam em uma única obra. Entretanto, fazemos parte de um movimento que se rebela contra as violências racistas e sexistas que têm silenciado mulheres negras na história, apagando nossas trajetórias, anulando nossas contribuições filosóficas, negligenciando nossa vida. Somos parte de um movimento que não admite o esquecimento das trajetórias de mulheres como Marielle Franco, nossa contemporânea que teve sua vida ceifada de forma violenta em 2018, mas que merece ser lembrada aqui por sua trajetória de luta.

Queremos contar nossas próprias histórias, registrar e valorizar as tradições filosóficas nascidas de nossa resistência porque acreditamos na potência do povo negro em geral e, em específico, das mulheres negras. É essa potência que nos permite oferecer os instrumentos sistematizados neste livro, dirigido a todas as pessoas que defendem uma sociedade livre de opressões – não apenas como utopia, mas como um projeto em construção através dos mais diversos instrumentos, entre eles, a educação.

REFERÊNCIAS

BERNARDINO-COSTA, Joaze; MALDONADO-TORRES, Nelson; GROSFOGUEL, Ramon (Org.). *Decolonialidade e pensamento afrodiaspórico*. 2. ed. Belo Horizonte: Autêntica, 2019. 365 p.

FAO – FOOD AND AGRICULTURE ORGANIZATION OF THE UNITED NATIONS *et al. The state of food security and nutrition in the world*

2021: transforming food systems for food security, improved nutrition and affordable healthy diets for all. Roma: FAO, 2021.

FANON, Frantz. *Os condenados da Terra*. Rio de Janeiro: Civilização Brasileira, 1968.

HOOKS, bell. *Ensinando pensamento crítico*: sabedoria prática. São Paulo: Elefante, 2020.

LÊNIN, Vladimir I. *O imperialismo*: fase superior do capitalismo. 1 ed. São Paulo: Nova Palavra, 2008

OPHI – Oxford Poverty & Human Development Initiative. *Global multidimensional poverty index 2019*: illuminating inequalities. Oxford: OPHI, 2019.

PENSAMENTO FEMINISTA NEGRO COMO ORIENTAÇÃO TEÓRICO-METODOLÓGICA DE UMA PEDAGOGIA REVOLUCIONÁRIA

Carolina Santos B. de Pinho

"Voltem-se para o conhecimento e o aprimoramento, porque conhecimento é poder", afirmou Maria W. Stewart em 1831 (*apud* Richardson, 1987, p.68). Mulher negra norte-americana e nascida livre, Stewart tornou-se professora, jornalista, conferencista, abolicionista e ativista pelos direitos das mulheres. Ela foi a primeira mulher nos Estados Unidos a discursar publicamente sobre questões políticas. Além de apontar a origem das opressões das mulheres negras e a necessidade de estas se autodefinirem, Stewart já indicava que a educação é um ato político (Richardson, 1987). A postura da ativista demonstra que a preocupação de mulheres negras com educação e seu acesso não é novidade. Mesmo considerando o apagamento histórico das contribuições intelectuais de mulheres negras, é possível encontrar indícios de que a educação sempre foi objeto de preocupação para a população negra em geral, mais especificamente para as mulheres. Além disso, diante da rica produção intelectual de mulheres negras nas mais diversas áreas, defendo que é possível encontrar no pensamento feminista negro elementos para sistematizar uma teoria educacional revolucionária, com base humanitária e que tenha como direção a transformação radical da sociedade.

No Brasil, as poucas fontes históricas sobre educação da população negra e sua proibição de acessar a escola até o século XIX foram utilizadas como argumentos contra a realização de estudos que pautassem a questão racial como uma dimensão a ser considerada nos debates sobre educação. Hoje, já se sabe que experiências educacionais articuladas por pessoas negras existiram e existem, mas passaram por um processo de apagamento baseado no mito da democracia racial. Através desse mito, consolida-se a ideia de que as raças que formam o povo brasileiro vivem harmonicamente, portanto, não seria necessário racializar nenhuma discussão. Assim, a experiência de pessoas negras foi invisibilizada, enquanto a história contada sobre e por pessoas brancas foi considerada a única legítima.

Se, por um lado, sempre se destacou a proibição de as pessoas negras estudarem como se fosse a única experiência educacional desse grupo até o século XIX, por outro, as experiências educacionais protagonizadas por pessoas negras foram apagadas pela ideia de que não é necessário falar de raça, afinal, no Brasil vivemos sob um grande caldeirão de mestiçagem. Dessa forma, a história da educação negra, especialmente no Brasil, foi sendo construída como uma história branca. Nem mesmo o registro da contribuição de professoras negras na história da educação brasileira foi poupado. Müller (1999) confirma esse ponto quando estuda a atuação de professoras negras na Primeira República, utilizando como fonte fotografias de álbuns escolares e outros documentos. Para a autora, a República embranqueceu o magistério público, uma vez que as docentes negras desapareciam das fotografias. Ou seja, as mulheres negras já atuavam na docência ainda no século XIX, apesar da tentativa de apagamento de sua contribuição.

Da mesma forma, é necessário considerar que, se houve interdições à presença de pessoas negras na escola, elas não podem invalidar outras experiências acessadas por essa população. Segundo Barros (2018), apesar das interdições, havia legislações diversas que foram se modificando durante todo o período imperial, além de diferentes modelos educativos (escolas públicas, iniciativas particulares e instituições) voltados para diferentes segmentos da população, como órfãos, desvalidos, adultos etc. É necessário destacar, no entanto, que a legislação que criou empecilhos à presença de pessoas negras na escola só existiu como resultado das pressões feitas por esse grupo em busca de escolarização. Isso demonstra que mais uma vez foram criadas políticas públicas para impedir a participação de pessoas negras na vida produtiva, assim como reforça o fato de que essa população buscava os estudos como forma de inserção na sociedade.

Se houve a tentativa de destruição da história da presença negra na condição de estudante e de docente, também houve apagamento de práticas pedagógicas estruturadas a partir da experiência negra na sociedade. É necessário valorizar as experiências educativas formuladas e dirigidas pela própria população negra no Brasil, especialmente aquelas ligadas ao Teatro Experimental do Negro (Nunes, 2012), à Frente Negra Brasileira (Araújo, 2008; Souza, 2013) e à Frente Negra Pernambucana (Silva, 2008). Destaco também a atuação de mulheres como Maria Firmina dos Reis, professora e primeira romancista brasileira atuando na primeira metade do século XXI, e Virgínia Bicudo, socióloga e pioneira na introdução da psicanálise no Brasil. Essas experiências, articuladas com trajetórias educacionais e de luta do povo negro em diáspora, dizem respeito ao legado intelectual de pessoas negras sobre o tema.

Resgatar esse legado envolve valorizar a experiência e a intelectualidade de pessoas negras. Portanto, não se trata apenas de corrigir uma injustiça histórica, mas também de humanizar pessoas negras tirando-as da invisibilidade, que é uma das formas de perpetuar estruturas de poder concebidas através do racismo. Reconhecer a capacidade de gerar conhecimento e de oferecer respostas científicas às demandas sociais é fundamental também para empoderar esses grupos. Segundo Hill Collins (2019), a valorização de conhecimentos produzidos por qualquer grupo oprimido enfraquece o poder de grupos dominantes. Considerando o conhecimento como forma de poder ideológico, político e econômico, valorizar o saber produzido por determinado grupo social é reconhecer seu poder.

Na mesma direção, Marcien Towa (2015) afirma que fortalecer o pensamento filosófico desenvolvido por determinado grupo social é uma forma de potencializar seu poder econômico, uma vez que a hegemonia econômica também se reflete na hegemonia intelectual, ditando o que é ou não relevante para investigação.

Sobre o potencial de riqueza gerado pelo conhecimento científico, Cheikh Anta Diop (1987) destaca que o conhecimento produzido por pessoas negras (africanas e em diáspora) vem sendo rejeitado como válido, apesar de toda inspiração que o mundo ocidental teve nas formas de pensamento já sistematizadas na África.

Diante desse contexto é que aponto a necessidade de recuperar as contribuições de mulheres negras para sistematizar uma teoria educacional comprometida com a transformação da sociedade. Neste capítulo, aponto para essa direção apresentando conceitos que são integrados entre si e constituem uma teoria educacional crítica essencialmente antirracista, antissexista e anticlassista. Esses conceitos são sintetizados a partir das formulações teóricas de mulheres negras e são a base para um modelo filosófico chamado aqui de pedagogia feminista negra. Pretendo recuperar pressupostos e revelar os fundamentos dessa teoria educacional, que é fruto das experiências teórico-metodológicas do pensamento feminista negro.

Pedagogia feminista negra é um termo que foi sistematizado anteriormente por Barbara Omolade (1993) e Annette Henry (2005), ao se referirem às formas como mulheres negras vêm conduzindo o trabalho pedagógico. Ambas as autoras destacam o caráter revolucionário encontrado na prática pedagógica de mulheres negras, que trazem para a pedagogia elementos articulados por sua resistência às opressões. Contudo, busco aprofundar a discussão para além da contribuição teórica de Omolade e Henry. O conteúdo apresentado aqui é fruto do esforço coletivo de mulheres negras que têm como referência a luta contra as opressões, especialmente o sexismo e o racismo, e a favor da emancipação da classe trabalhadora.

PEDAGOGIA FEMINISTA NEGRA COMO TEORIA EDUCACIONAL CRÍTICA

Segundo Kopnin (1978), uma teoria deve compreender, além da descrição de certo conjunto de fatos, também a explicação das leis a que estes fatos estão subordinados. Uma teoria surge da necessidade e de condições objetivas e subjetivas. Os seres humanos buscam explicações para os fenômenos da realidade através de sua relação com o mundo. Em tempos remotos, por exemplo, as teorias tinham uma explicação na mitologia. Com o desenvolvimento de tecnologias e da ciência, novas possibilidades explicativas foram se delineando.

Em outras palavras, podemos dizer que as necessidades humanas se transformam ao longo da história e geram teorias, que, por sua vez, são elaboradas a partir das condições de explicação em cada momento. Isso acontece de forma dialética. A partir de suas necessidades e condições subjetivas, o ser humano vai buscando alternativas e, enquanto as constrói, teoriza sobre elas. É na relação com a natureza e a partir de nossas demandas que criamos as teorias. Entretanto, tais teorias são atravessadas por interesses e necessidades que são construídos de diversas formas, a depender da época e também do lugar. Por isso, a explicação de determinado fenômeno perpassa os distintos interesses dos sujeitos que constroem projetos de mundo e as correlações de força envolvidas nesse processo.

Ao tomar o fenômeno educacional como objeto, podemos verificar de forma explícita como o processo descrito acima acontece. A pergunta "Quais os objetivos da educação e como ela acontece?" pode ser respondida a partir de diversos prismas. Parto do pressuposto de que educação é o processo no qual os indivíduos se apropriam do que já foi produzido culturalmente pela espécie humana em sua história para serem humanizados. A forma como isso ocorre já foi explicada a partir de diversos ângulos e, por isso, podemos dizer que já foram formuladas diferentes teorias a respeito desse processo.

As explicações científicas sobre como se estabelecem, se consolidam e se transformam as relações sociais que guiam a formação humana na sociedade, e em particular na escola, são as pedagogias. Então, quando falamos em pedagogia estamos falando da teoria que explicita o processo de ensino-aprendizagem, o qual, por sua vez, se relaciona com as finalidades e concepções ligadas à educação. As pedagogias explicam como, por que e por quem a educação acontece.

As pedagogias se relacionam com as categorias mais gerais que orientam a concepção e as finalidades da educação, oriundas de um determinado projeto de sociedade – ou projeto histórico – constituído que fundamenta sua consecução.

É diante do quadro de formulações teóricas educacionais que nos orientamos para trazer ao debate a construção da pedagogia feminista negra. Se as teorias são explicações sobre fenômenos, e as pedagogias são explicações científicas sobre o fenômeno educacional, para o qual é possível encontrar explicações científicas no pensamento feminista negro, então podemos afirmar que este pensamento apresenta subsídios para uma pedagogia.

Aqui é importante delimitar o significado de pensamento feminista negro para compreendermos as relações que ele estabelece com o fenômeno educacional. Esse pensamento é o conjunto de tradições intelectuais feministas negras específicas, embora heterogêneas, criadas a partir do lugar social que as mulheres negras ocupam como coletividade. Esse conjunto de tradições nasce da tensão dialética entre a opressão sofrida pelas mulheres negras e seu ativismo. Neste sentido, podemos afirmar que o pensamento feminista negro nasce da prática feminista negra e vice-versa (Hill Collins, 2019).

Patricia Hill Collins foi a primeira a sistematizar filosoficamente o pensamento feminista negro como um campo de ideias que se formula a partir da dialética entre a opressão e a resistência de mulheres negras através do ativismo. Hoje, diversas mulheres negras já defendem esse ponto de vista (Pinho, 2018).

Entretanto, o racismo estrutural tem imposto barreiras ao que vem sendo sistematizado intelectualmente por mulheres negras – que ainda assim persistem e, dessa dialética, vêm produzindo um conhecimento vinculado à luta e à resistência a partir de um lugar único em que se interseccionam diversas fontes de opressão, principalmente sexista, de classe e de raça. As condições da economia política mais ampla moldam a subordinação das mulheres negras e, ao mesmo tempo, estimulam seu ativismo. Em certo nível, os oprimidos têm, em geral, consciência disso. Para as mulheres negras, o conhecimento adquirido nas opressões interseccionais de raça, classe e gênero incentiva a elaboração e a transmissão de saberes subjugados da teoria social crítica das mulheres negras (Hill Collins, 2019, p. 42). Ou seja, estamos criando teorias há muito tempo, entretanto, por falta de condições objetivas, nossas teorias não puderam ser amplificadas. As formas de opressão racista e sexista vêm nos mantendo longe do lugar de intelectualidade. As barreiras criadas são quase intransponíveis, uma vez que os padrões de intelectualidade legitimados são eurocêntricos: isso quer dizer que foram criados e validados de forma a manter o poder hegemônico branco e europeu.

Entretanto, vemos a ampliação das condições objetivas desde o fim do século XX. Com o acirramento da disputa pelos rumos da sociedade, mulheres negras têm conquistado espaços para amplificar suas teorias, oriundas da (re)construção dos saberes de resistência nos bairros, nas comunidades urbanas, rurais e nos mais diversos campos onde pudemos viver experiências em nossas famílias estendidas e encontrar expressões de saberes coletivos, baseados nas concepções de matriz africana do eu e também da comunidade (Hill Collins, 2019, p. 45).

Já na universidade, as mulheres negras vêm ocupando a condição de *outsider* interna (Kilomba, 2019). Apesar de ocuparem os bancos da universidade, na maioria das vezes, esse ambiente lhes é hostil. Assim se constituem como indivíduos cuja marginalidade vem proporcionando outro ângulo sobre problemas sociais que a branquitude não seria capaz de resolver. Em sua obra, Hill Collins (2019) aponta questões fundamentais que caracterizariam o ponto de vista feminista negro. Segundo a autora, esse pensamento reflete o legado de uma história de luta; assume uma natureza interconectada de raça, gênero e classe; e opõe-se a estereótipos ou "imagens de autoridade". Ela chega a essa conclusão ao analisar a produção intelectual de mulheres negras durante a história nos Estados Unidos, e não busca homogeneizar esse grupo, pois não há como essencializar o que é ser mulher negra. Hill

Collins (2019) encontra particularidades na coletividade "mulheres negras", apesar de suas diferenças. Essas particularidades permitiram firmar bases analíticas cruciais para uma perspectiva contra hegemônica dos significados de indivíduo, coletivo e comunidade.

Sintetizando a pesquisa realizada pela historiadora Cláudia Pons Cardoso (2012), podemos afirmar que o pensamento feminista negro possui como principais características: a recuperação da história das mulheres negras; a reinterpretação dessa história a partir de uma nova estrutura teórica, construída em oposição aos paradigmas tradicionais e resgatando a contribuição das mulheres negras em diversas áreas do conhecimento; e o enfrentamento ao racismo, ao sexismo e às opressões vividas pela classe trabalhadora.

Essas bases analíticas foram capazes de produzir novas dimensões conceituais em diversas áreas, entre elas, a educação. E é a partir dessas dimensões que apontamos as bases do modelo filosófico educacional que é fruto das experiências teórico-metodológicas do pensamento feminista negro, chamado aqui de pedagogia feminista negra. Essas bases – relacionadas de forma dialética e em constante transformação – são formuladas a partir de conceitos comuns às análises de feministas negras, os quais podem ser articulados com o trabalho pedagógico.

Descrever os fundamentos da pedagogia feminista negra não se trata de mera formalidade, mas sim de apresentar uma proposição que, como o pensamento feminista negro, se articula com as necessidades mais urgentes não apenas da população negra, mas de toda a humanidade. Portanto, a síntese apresentada aqui visa oferecer subsídios para a organização do trabalho pedagógico de essência revolucionária, combatendo práticas cissexistas, racistas e classistas, tendo como horizonte uma sociedade cujo princípio seja uma vida plena e não o lucro. Assim, uma educação que se pauta pela pedagogia feminista negra é fundamentada nas bases descritas a seguir.

Dialética entre teoria e prática

Considerando que o pensamento feminista negro nasce da relação dialética entre teoria e prática, uma educação fundamentada nessa perspectiva não admite a sobreposição de teoria pela prática, ou vice-versa. Parte-se do pressuposto de que uma só existe em função da outra: não há prática sem teoria, nem teoria sem prática, mas sim uma relação de tensão mútua. Para as mulheres negras isso é fundamental, uma vez que sempre fomos capazes de criar teorias e, ao mesmo tempo, vivenciá-las, ao contrário da maioria das teorias críticas criadas a partir da vivência do outro. Segundo Collins (2019, p. 43):

> [...] as teorias sociais produzidas por mulheres negras oriundas de grupos diversos não costumam surgir da atmosfera etérea de sua imaginação. Ao contrário, elas refletem o esforço dessas mulheres para lidar com as experiências vividas em meio a opressões interseccionais de raça, gênero, sexualidade, etnia, nação e religião.

Nilma Lino Gomes (2012) corrobora essa concepção quando aponta as contribuições do Movimento Negro para a produção de saberes através da "tensão regulação-emancipação sociorracial". Ou seja, ao contrário de teóricos das pedagogias tradicionais, as mulheres negras vêm se ancorando na concepção de que teoria e prática são indivisíveis e que uma educação emancipadora se pauta nessa indivisibilidade.

Auto-organização como fruto da autodefinição: revisão das relações de poder assumidas em sala de aula

Docentes que se comprometem com a pedagogia feminista negra devem promover uma educação que incentive o desafio, ou o senso de risco, como diz bell hooks (2019). Para tal, devemos estimular a capacidade de auto-organização coletiva rumo a uma autodefinição. Ou seja, falar por si e sobre si é um desafio que deve ser motivado, proporcionando experiências educacionais em que os discentes possam sair do lugar de objeto para assumir o de sujeito do processo educativo.

Segundo Hill Collins (2016), um dos principais motivos de supressão dos pontos de vista de grupos oprimidos é que as perspectivas autodefinidas podem fomentar a resistência. O incentivo à autodefinição é uma das melhores formas de promover a auto-organização, que é fundamental em um projeto educacional emancipatório.

Dentro da sala de aula, a auto-organização deve ser incentivada inclusive como forma de dividir a responsabilidade e, consequentemente, alimentar a possibilidade de revisar as relações de poder. Professores e alunos devem ter responsabilidades diante do coletivo. Apesar de organizar o trabalho pedagógico, o professor não deve deter sozinho o poder de fazer acontecer a aula. O desenvolvimento de uma aula proveitosa deve ser responsabilidade de todas as pessoas envolvidas e de cada uma.

Uso de clássicos da teoria crítica da educação, a partir de interpretações articuladas com a pedagogia feminista negra

O patrimônio intelectual produzido pela humanidade pertence à humanidade. As respostas científicas e filosóficas obtidas ao longo da história só puderam ser amadurecidas pelas condições de desenvolvimento das forças produtivas, condições essas proporcionadas pelo trabalho material e imaterial humano. Não podemos desconsiderar que as condições materiais para que cientistas brancos pudessem produzir respostas sobre os fenômenos científicos foram proporcionadas pelo trabalho braçal de milhares de trabalhadores não brancos. Em diversos lugares do mundo, especialmente nas Américas, esse trabalho foi realizado em grande parte por pessoas negras. Podemos afirmar o mesmo sobre o desenvolvimento intelectual e científico de nações europeias, que se deu a partir da exploração dos povos do Sul global. Assim, teorias científicas que sirvam como apoio para a emancipação humana devem ser de domínio de todas as pessoas. Teorias críticas produzidas por pessoas brancas, ainda que contenham limites, podem apresentar pontos de convergência com a política defendida pela pedagogia feminista negra e devem ser exploradas.

Não podemos nem precisamos abrir mão de contribuições teóricas que sejam fruto da luta dos povos oprimidos do mundo. A luta pela justiça social deve se pautar na articulação de todos aqueles e aquelas que se dispuserem a realizá-la. Não é justo conosco que sejamos responsáveis por recriar explicações de mundo que já existem, construídas através do trabalho humano e capazes de impulsionar nossa luta por um futuro digno.

No pensamento feminista negro esse diálogo é muito comum. As contribuições de Paulo Freire foram fundamentais para a elaboração de conceitos-chave na obra de bell hooks, por exemplo. Em *Ensinando a transgredir: a educação como prática de liberdade* (2013), quando ressalta a importância de uma educação engajada para transformar a realidade, bell hooks reconhece a influência de Paulo Freire em suas formulações. A autora não deixou de apontar críticas às primeiras obras de Freire, as quais o educador aceitou, afirmando que trabalharia sobre elas.

A produção teórica e a atuação política de Angela Davis também refletem esse diálogo com categorias que foram articuladas pelo marxismo. A autora discute o racismo e o sexismo sempre levando em consideração as bases materiais produzidas a partir das relações capitalistas desveladas principalmente por Karl Marx e Friedrich Engels. Esse caminho também foi percorrido pelo Coletivo Combahee River (Pereira; Simões, 2019), que, no final da década de 1970, reivindicava o socialismo por acreditar que o "trabalho deve ser organizado para o benefício coletivo daqueles que trabalham e criam os produtos, e não para o lucro dos patrões" (Pereira; Simões, 2019, p. 201).

Assim, é justo e necessário que possamos articular nossa prática com teorias críticas formuladas por aqueles e aquelas que apontem saídas coletivas para os problemas oriundos das mais diversas formas de opressão produzidas na sociedade capitalista.

Reconexão com tradições intelectuais subjugadas

Devemos buscar a conexão com tradições que apontem para uma transformação social, mas também devemos resgatar as produções realizadas através de linguagens como música, literatura e tradição oral, que têm sido desvalorizadas como referências para a organização do trabalho pedagógico.

Durante muito tempo as populações subalternizadas não produziram teoria na forma que é validada pelo mundo ocidental, mas sabemos que existe uma riqueza de tradições intelectuais que faz parte de nossa história cultural e merece ser resgatada. Lélia Gonzalez (1988) destaca essa necessidade quando propõe a categoria "amefricanidade". Através da amefricanidade, Gonzalez apresenta um novo olhar sobre a formação histórico-cultural do Brasil, deslocando a referência da Europa para a *Améfrica Ladina*.

É necessário situar que o silenciamento dessas tradições intelectuais faz parte do processo de genocídio dos povos que as produziram. Se nos humanizamos através da apreensão e da transmissão da cultura e das tecnologias de sobrevivência criadas pelos que nos antecederam, impedir o acesso à cultura gerada por nossos ancestrais significa desumanizar tanto quem gerou aquela cultura como quem é impedido/a de acessá-la, uma vez que é permitido o acesso apenas a uma parte do que o ser humano foi capaz de produzir. Além de contribuir para a marginalização de povos subalternizados, invalidando sua produção intelectual, dissimula a complexidade da realidade, transmitindo uma perspectiva parcial e fragmentada. Perdemos todos.

Isso implica ter uma compreensão complexa do mundo, que se manifesta não necessariamente por meio de um texto teórico acadêmico, mas também por múltiplas formas criativas de análise, conversação, escrita, bem como por uma memória coletiva das práticas sociais diversas.

Paradigma interpretativo baseado na interseccionalidade

O conceito de interseccionalidade se refere à articulação de formas particulares de opressão que se entrecruzam em um modelo analítico. Segundo Akotirene (2018), a interseccionalidade parte de um "sistema de opressão integrado" e está em disputa acadêmica em uma tentativa de esvaziamento de sua referência afrocêntrica.

Os paradigmas interseccionais nos lembram que a opressão não é redutível a um tipo fundamental, e que as formas de opressão agem conjuntamente na produção da injustiça (Crenshaw, 2002). Diversas teóricas negras tratam esse assunto. Mais do que tudo, considero a interseccionalidade como instrumento político-teórico que rompe com a lógica dualista do pensamento ocidental, em que apenas uma variável é considerada para pensar o ser humano. Considerar a interseccionalidade na organização do trabalho pedagógico significa enfrentar a comunidade escolar a partir da complexidade dos seres humanos e da forma diversa como eles vivenciam as opressões promovidas pela sociedade capitalista.

Teoria do ponto de vista/lugar de fala

Precisamos, de uma vez por todas, rejeitar o senso comum sobre o conceito de lugar de fala e resgatar as contribuições das intelectuais negras que reivindicam o lugar de fala como uma categoria capaz de desestabilizar o conceito universal de mulher, destacando as várias identidades das mulheres, em especial as negras (bell hooks, 1995).

Segundo Bairros (1995, p. 461), partindo da teoria do ponto de vista, é possível articular categorias como raça, gênero e classe social: "Uma mulher trabalhadora experimenta a opressão a partir de um lugar, que proporciona um ponto de vista diferente sobre o que é ser mulher em uma sociedade desigual, racista e sexista".

Reivindicar lugar de fala não é exigir exclusividade sobre qualquer assunto, mas sim a não neutralidade científica e/ou política. É assumir que todo posicionamento político é delimitado pelo lugar social ocupado pelos sujeitos envolvidos. Portanto, todo mundo ocupa um lugar de fala, demarcado pelo grupo social a que pertence. Uma pedagogia fundada no conceito de lugar de fala considera que os sujeitos envolvidos no processo educativo são seres sociais, vinculados a leis sociais e históricas, e não entes flutuantes na disputa pelos rumos da sociedade.

Experiência vivida como critério de cientificidade

"Olhem meu braço. Já arei, plantei, trabalhei em estábulos e homem nenhum se saía melhor do que eu. E por acaso não sou uma mulher?" (Truth, 2020). Essa é uma parte do discurso de Sojourner Trouth, abolicionista afro-americana e ativista dos direitos das mulheres. Através de sua experiência vivida, ela pode provar que a ideia de gênero no século XIX não correspondia à experiência de todas as mulheres.

A experiência vivida é repleta de significados. Para comunidades que foram subjugadas e precisaram sobreviver dentro de um sistema de opressões interseccionais, há muita sabedoria como mecanismo de análise do conhecimento. Aqui não digo que a sabedoria individual é uma forma de conhecimento científico, mas é um ponto de partida para conseguirmos relacionar o saber do senso comum e o saber escolar. O conhecimento científico só faz sentido quando estabelece nexos com as necessidades e demandas da experiência vivida. Para bell hooks (2020), o conhecimento enraizado em experiência molda o que valorizamos. A valorização da experiência vivida é capaz de estabelecer significados e importância ao saber escolar e de torná-lo mais próximo das necessidades cotidianas das pessoas envolvidas no processo de ensino-aprendizagem.

A valorização da experiência vivida retoma também a referência nas relações sociais estabelecidas a partir de tradições de povos iorubás em que existe a compreensão de que o aprendizado se consolida à medida que se vive. Em culturas em que a oralidade obteve grande importância, a sabedoria de quem vem experienciando, assimilando, sistematizando e repassando os saberes adquire uma importância central. Assim, o conhecimento humano, para comunidades iorubás, é entendido como resultado do transcorrer da vida e mesmo quando se trata de conhecimento especializado, o aprendizado é por imitação e repetição valorizando a experiência coletiva ancestral e apontando para a necessidade de ela ser apreendida por aqueles que estão começando sua jornada. Ou seja, a valorização da experiência vivida trata o conhecimento a partir de sua historicidade, sendo forma de diálogo com o passado, com o presente e com o futuro, de modo que articula o que já se sabe a partir do que já foi vivido com aquilo que ainda é necessário ser aprendido (Soyinka, 1995).

Assunção explícita de um projeto político de sociedade em prol da luta antirracista

É necessário explicitar o projeto de sociedade que se pretende alcançar com determinada prática pedagógica, reconhecendo que não existe neutralidade em uma sociedade na qual a vida de milhares de seres humanos tem menos valor que o lucro. Rejeitar a neutralidade é um pressuposto do feminismo negro, assim como deve ser da pedagogia feminista negra. Todo projeto educacional guarda em si um objetivo vinculado ao projeto social defendido. Não é possível pensar em neutralidade quando temos explicitamente uma disputa sobre quem vive e quem morre na sociedade.

É necessário explicitar este projeto não apenas como rumo geral, mas também como direcionamento das ações na comunidade escolar, tratando abertamente da construção de um novo projeto societário cujo objetivo não seja uma educação para a tolerância das diferenças, mas para a superação definitiva das opressões. Nosso projeto deve ser construir uma sociedade sem racismo, e isso só será possível quando a exploração de um ser humano pelo outro não for o princípio das relações humanas.

Uma pedagogia feminista negra não se limita ao "respeito ao diferente", tal como defende a pedagogia multicultural, na sua interpretação mais liberal. Esta, ainda que pretenda ser inclusiva, não questiona as bases ideológicas do Estado-Nação, tampouco elabora uma proposta mais consistente que amplie o horizonte de possibilidades para uma mudança estrutural (Andrade, 2018). As conquistas individuais e as políticas de inclusão são importantes, mas não podemos esquecer que a educação reivindicada por intelectuais e ativistas como Lélia Gonzalez para o povo negro é aquela com alcance estrutural, visando estratégias de superação das desigualdades de gênero, raça e classe e das variadas formas de colonialidade.

Encorajamento do empoderamento como ato político coletivo

Falar de educação a partir de uma perspectiva crítica é assumir que a disputa por um projeto educacional é uma disputa de poder. Mas é necessário destacar que, do mesmo jeito que existem diferentes visões de mundo, há também distintas visões de poder, o que por sua vez implica variadas perspectivas de educação.

A educação para a pedagogia feminista negra, como teoria crítica, tem o sentido de oferecer acesso a bens imateriais ou ferramentas que permitam ao ser humano compreender o meio onde vive para poder modificá-lo. Em outras palavras, a educação é o principal instrumento de empoderamento do ser humano para se tornar pleno, capaz de interpretar e agir criticamente. O sentido de empoderamento, neste caso, dialoga com Joice Berth (2018, p. 21), para quem empoderar é falar

> [...] na condução articulada de indivíduos e grupos por diversos estágios de autoafirmação, autovalorização, autorreconhecimento de si mesmo e de suas mais variadas habilidades humanas, de sua história e, principalmente, de um entendimento quanto a sua posição social e política.

Portanto, não diz respeito a uma perspectiva liberal de empoderamento que procura simplesmente acomodar grupos oprimidos dentro do mercado, sem interromper as desigualdades sociais e de poder existentes. Para as feministas negras, o empoderamento tem o sentido de articulação individual e coletiva, buscando um significado dialético entre esses níveis rumo a um projeto de sociedade sem opressões.

Compromisso com a justiça social

Diante de tudo que foi abordado, é necessário apontar que nosso compromisso não pode ser apenas com o conhecimento intelectual ou com nosso trabalho em sala de aula. O lugar social destinado às mulheres negras nos leva a vivenciar de forma profunda o descaso do poder público com as populações negras e pobres, refletindo a tentativa de manter a sociedade de classes. Mas, de forma dialética, nossa movimentação e organização política têm um impacto decisivo no sistema.

Em *A Liberdade é uma luta constante,* Angela Davis (2018) defende que há um potencial transformador para toda a sociedade nas reivindicações das mulheres negras, em contradição com as características individualistas e egoístas do momento atual. O esforço das mulheres negras enfrenta estruturas ligadas não apenas à sua condição de mulher, mas também à sua condição racial e de classe. Dessa maneira, além de atuar em defesa de sua própria vida, a mulher negra vem defendendo a vida de seus companheiros de raça e de suas irmãs brancas. Segundo Figueiredo (2018, p. 1084):

> Este compromisso histórico com a sobrevivência coloca as mulheres negras em uma posição importante, no sentido da construção de um novo horizonte histórico, na defesa das condições de suas próprias vidas e da defesa das demais vidas do planeta, porque não queremos subverter a ordem hierárquica, agora nos colocando no topo da hierarquia, ao invés de ocupar a base. Não, certamente não queremos isso, pois queremos muito mais, queremos transformar, subverter e desintegrar a colonialidade

global do poder contra toda forma de dominação e exploração da existência social.

Esse compromisso com a defesa da vida e do fim do capitalismo é refletido nas ações organizadas coletivamente por mulheres negras. A Marcha das Mulheres Negras, ocorrida em 18 de novembro de 2015, que reuniu cerca de 35 mil mulheres em Brasília, reflete esse posicionamento quando apresenta na "Carta das Mulheres Negras" demandas por promoção da igualdade racial e por direitos à vida, à liberdade, ao trabalho e à moradia, à educação, à justiça, à terra e à cidade, à segurança pública e à cultura: um novo projeto civilizatório (Silva, 2015).

Por isso, a pedagogia feminista negra se pauta na luta incansável e radical por justiça social. Para tanto, devemos estar comprometidas politicamente com instituições que possam ser instrumentos de transformação da realidade, tais como núcleos de bairros, sindicatos e partidos. É fundamental estarmos em agrupamentos em que possamos nos movimentar e exercer nosso poder político de auto-organização e autodefinição.

CONCLUSÃO

A síntese apresentada aqui é fruto do esforço coletivo por sobrevivência de mulheres negras em toda a história. Resulta de vivências, estudos e contribuições dessas mulheres e pode apontar novas possibilidades de organização de práticas educativas vinculadas a um projeto civilizatório que priorize a vida humana. Portanto, este estudo pode ser apropriado por todas as pessoas que miram nesse horizonte.

Apresentei sistematizações a partir do diálogo com mulheres que têm uma produção intelectual já registrada, tais como bell hooks, Luiza Bairros, Lélia Gonzales, Sueli Carneiro, Angela Davis, Grada Kilomba, Joice Berth, Audre Lorde, Yuderkys Miñoso, Cláudia Pons Cardoso, Ângela Figueiredo, Djamila Ribeiro. Mas também dialoguei com aquelas que não puderam ser reconhecidas por seu trabalho, esbarrando com as opressões raciais, de classe e gênero. O que faço neste texto é dar andamento ao trabalho dessas mulheres, afinal, uma das principais lições que tiramos das tradições do pensamento feminista negro é que somos resultado dos sonhos, desejos e projetos de nossos ancestrais. A partir desses ensinamentos – referenciados no passado, mas apontando para o futuro – reconheço os limites desta síntese, que pretende servir de guia para a consolidação de uma pedagogia feminista negra como possibilidade pedagógica comprometida com um projeto de futuro para além do lucro.

Carolina Santos B. de Pinho é professora, pesquisadora e afroempreendedora. Realiza pesquisas na área de educação, epistemologia e movimentos sociais, com ênfase em formação de professores, atuando principalmente nos seguintes temas: educação, produção e filosofia do conhecimento, educação física, diretrizes curriculares e feminismo negro. Possui doutorado em Educação pela Universidade Estadual de Campinas (Unicamp) e mestrado pela mesma instituição, tendo realizado Doutorado Sanduíche na Technische Universität Braunschweig, na Alemanha. É professora na área de prática de ensino na Universidade Estadual de Feira de Santana (UEFS), onde coordena o Curso de Extensão em Pedagogia Feminista Negra. É idealizadora e coordenadora pedagógica da Rede Ojá – Epistemologias Negras

Contato: csbpinho@gmail.com

REFERÊNCIAS

AKOTIRENE, Carla. *O que é interseccionalidade?* Belo Horizonte: Letramento, 2018.

ANDRADE, Michely Peres de. Lélia Gonzalez e o papel da educação para o feminismo negro brasileiro. *Interritórios*, Caruaru, v. 6, n. 4, p. 75-92, 2018. Disponível em: https://bit.ly/3mfG2ld. Acesso em: 26 out. 2020.

ARAÚJO, Marcia Luiza Pires de. *Negro e educação*: da ideologia à experiência cidadã das escolas negras na em São Paulo (1930-1937). 2008. Dissertação (Mestrado em Educação) – Universidade de São Paulo, São Paulo, 2008.

BAIRROS, Luiza. Nossos femininos revisitados. *Estudos Feministas*, Rio de Janeiro, v. 3 n. 2, p. 458-463, 1995.

BARROS, Surya A. P. História da educação da população negra: entre silenciamento e resistência. *Pensar a Educação em Revista*, Belo Horizonte, v. 4, n. 1, p. 1-26, 2018. Disponível em: https://bit.ly/3kFOP05. Acesso em: 25 set. 2021.

BERTH, Joice. *O que é empoderamento?* Belo Horizonte: Letramento, 2018.

CARDOSO, Cláudia Pons. *Outras falas*: feminismos na perspectiva de mulheres negras brasileiras. 2012. Tese (Doutorado em Estudos Interdisciplinares sobre Mulheres, Gênero e Feminismo) – Universidade Federal da Bahia, Salvador, 2012.

CARNEIRO, Sueli. Enegrecer o feminismo: a situação da mulher negra na América Latina a partir de uma perspectiva de gênero. *In*: ASHOKA EMPREENDIMENTOS SOCIAIS; TAKANO CIDADANIA (org.). *Racismos contemporâneos*. Rio de Janeiro: Takano Editora, 2003.

COLLINS, Patricia Hill. Aprendendo com a *outsider within*: a significação sociológica do pensamento negro. *Sociedade e Estado*, Brasília, v. 31, n. 1, p. 99-127, 2016.

COLLINS, Patricia Hill. *Pensamento feminista negro*. São Paulo: Boitempo, 2019. 480 p.

CRENSHAW, Kimberlé W. Documento para o encontro de especialistas em aspectos da discriminação racial relativos ao gênero. *Estudos Feministas*, Florianópolis, v. 10, n. 1, p. 171-189, 2002.

DAVIS, Angela. *A liberdade é uma luta constante*. Boitempo: São Paulo, 2018.

DIOP, Cheikh Anta. *Anterioritè des civilisations nègres*: mythe ou vérité historique? Paris: Présence Africaine, 1967.

FIGUEIREDO, Ângela. Perspectivas e contribuições das organizações de mulheres negras e feministas negras contra o racismo e o sexismo na sociedade brasileira. *Direito e Práxis*, Rio de Janeiro, v. 9, n. 2, p. 1080-1099, 2018. Disponível em: https://bit.ly/3o7gh8Z. Acesso em 5 ago. 2021.

GOMES, Nilma Lino. *O movimento negro educador*: saberes construídos nas lutas por emancipação. Petrópolis: Vozes, 2017.

GONZALEZ, Lélia. A categoria político-cultural de amefricanidade. *Tempo Brasileiro*, Rio de Janeiro, v. 92, n. 93, p. 69-82, 1988.

GONZALEZ, Lélia. Por um feminismo afro-latino. *Caderno de Formação Política do Círculo Palmarino*, [*S. l.*], n. 1, p. 12-21, 2011. Disponível em: https://bit.ly/2Y01GBx. Acesso em: 1º out. 2019.

HENRY, Annette. Black feminist pedagogy: critiques and contributions. *Counterpoints*, v. 237, p. 89-105, 2005. Disponível em: https://bit.ly/3i7g0PP. Acesso em: 10 maio 2021.

HOOKS, bell. *Ensinando a transgredir*: a educação como prática de liberdade. São Paulo: Martins Fontes, 2013.

HOOKS, bell. *Ensinando pensamento crítico*: sabedoria prática. São Paulo: Elefante, 2020.

HOOKS, bell. *Erguer a voz*: pensar como feminista, pensar como negra. São Paulo: Elefante, 2019.

HOOKS, bell. Intelectuais negras. *Estudos Feministas*, Rio de Janeiro, n. 2, p. 468, 1995.

KILOMBA, Grada. *Memórias da plantação*: episódios de racismo cotidiano. Rio de Janeiro: Cobogó, 2019.

KOPNIN, Pavel Vasilyevich. *A dialética como lógica e teoria do conhecimento*. Rio de Janeiro: Civilização Brasileira, 1978.

LORDE, Audre. *Irmã outsider*: ensaios e conferências. Belo Horizonte: Autêntica, 2019.

MIÑOSO, Yuderkys Espinosa. *El sentido de la teoría y la academia feminista*: una mirada desde la subalternidad. Bogotá: Editorial en la frontera, 2017.

MÜLLER, Maria Lúcia Rodrigues. Professoras negras na Primeira República. *In*: OLIVEIRA, Iolanda (org.). *Relações raciais no Brasil*: alguns determinantes. Niterói: Intertexto, 1999. p.21-67

NUNES, Rafael dos Santos Dias. *A formação e educação do negro pelo Teatro Experimental do Negro (TEN)*: um estudo a partir das páginas do jornal "Quilombo" (1948-1950). 2012. Dissertação (Mestrado em Educação) – Pontifícia Universidade Católica de São Paulo, São Paulo, 2012.

OMOLADE, Barbara. A black feminist pedagogy. *Women's Studies Quarterly*, New York, v. 21, n. 3/4, p. 31-38, 1993. Disponível em: https://bit.ly/3CMxBV6. Acesso em: 29 jul. 2021.

PEREIRA, Stefania; GOMES, Letícia Simões. Tradução: Manifesto do Coletivo Combahee River. *Plural*, São Paulo, v. 26, n. 1, p. 197-207, 2019. Disponível em: https://bit.ly/3i9ahc5. Acesso em: 25 set. 2021.

PINHO, Carolina Santos Barroso de. Pensamento feminino negro no Brasil: uma contribuição necessária para a transformação da realidade. *Margem Esquerda*, São Paulo, v. 31, p. 85, 2018.

RIBEIRO, Djamila. *O que é lugar de fala?* Belo Horizonte: Grupo Editorial Letramento: Justificando, 2017.

RICHARDSON, Marilyn. *Maria W. Stewart*: America's first black woman political writer. Indiana: Indiana University Press, 1987.

SILVA, Acildo Leite da. *A civilização pelas águas e a gente de cor*: urbanidades e relações educativas na vila-capital da Capitania de Mato Grosso (1752-1835). 2008. Tese (Doutorado em Educação) – Universidade Federal Fluminense, Niterói, 2008.

SILVA, Cidinha da. Para onde caminha a Marcha das Mulheres Negras. *Portal Geledés*, São Paulo, 21 nov. 2015. Disponível em: https://bit.ly/3i2sg3Z. Acesso em: 18 jul. 2021.

SOUZA, Rosângela Ferreira de. *Pelas páginas dos jornais*: recortes identitários e escolarização do social do negro em São Paulo (1920-1940). 2013. Tese (Doutorado em Educação) – Universidade de São Paulo, São Paulo, 2013.

SOYINKA, Wole. *Myth, literature and the African world*. Cambridge, Cambridge University Press, 1995.

TOWA, Marcien. *A ideia de uma filosofia negro-africana*. Tradução: Roberto Jardim da Silva. Belo Horizonte: Nandayla, 2015.

TRUTH, Sojourner. *E eu não sou uma mulher?*: a narrativa de Sojourner Truth. Rio de Janeiro: Ímã Editorial, 2020.

DECOLONIZANDO O EU: REFLEXÕES A PARTIR DE UM *PONTO DE VIDA*[1] NEGRO

Tayná Victória de Lima Mesquita

> *A lã não pesa o carneiro. Sua própria essência não deve ser sentida como carga*[2].
>
> Mãe Stella de Oxóssi, Ọdẹ Kayodê[3]

---

1. Em palestra de lançamento da obra *Uma história feita por mãos negras: relações raciais, quilombos e movimentos*, de Beatriz Nascimento (2021), Muniz Sodré apresentou uma diferenciação entre as categorias ponto de vista e *ponto de vida*, tomando a relação de Beatriz Nascimento com sua atividade intelectual como exemplo. Enquanto o ponto de vista remete ao viés, ao ângulo e à interpretação que todo intelectual tem a respeito do objeto sobre o qual se debruça, a partir de determinado "solo epistemológico" (ou seja, determinada posição social), o *ponto de vida* configuraria um salto qualitativo referente à relação existencial do sujeito com determinada elaboração intelectual. O *ponto de vida* seria então um *ponto de existência*. "Essa produção intelectual da Beatriz, essa atividade dela era *ponto de vida dela*, mais do que ponto de vista. Isso significa que o que resultava ali, mesmo sendo achado de pesquisa, elaboração intelectual, era indissociável da pele dela. E não apenas pele negra. Eu diria pele mesmo. Uma coisa epidérmica, intelectualizada, racional, mas antes de qualquer coisa, afetiva." Assim, o *ponto de vida* está relacionado ao exercício de "considerar o sensível, o afeto, o episódio de vida como material teórico" (Bate-papo..., 2021). Portanto, assumindo a centralidade da categoria de subjetividade e da experiência na produção teórica feminista negra que estrutura as reflexões mobilizadas neste texto, assim como minha relação afetiva e existencial com os debates aqui colocados e com o próprio exercício da escrita, escolho nomear este texto a partir da categoria *ponto de vida*.

2. Ao mobilizar este aforismo, não declaramos a existência de uma "essência" negra. Assumimos poeticamente, tal como expressado por esse provérbio, que a identidade de um sujeito não deve ser sentida como carga.

3. Nome iniciático de Mãe Stella, "o caçador de alegrias".

> *Para que nos serve História? Não preciso dela, enquanto não possuo poder. Ela serve àqueles que detêm e se registram através do tempo enquanto poder. Neste país, minha vida não é poder, mas tem outras expressões tão ou mais importantes que isso. Porque um Rock não poderia ser uma contaminação à estrutura do poder. Porque não somente o fato de existir essa vivência e fazê-la mais bela, mais feliz. A História é como o campo e território dos vencedores. Não adiantaria contrapô-la a uma história de vencidos, ainda não fomos vencidos, os assim chamados são indivíduos de muitas histórias, pequenas, mas fartas e fascinantes histórias.*
>
> Beatriz Nascimento (2018, p. 414[4])

LAROYÊ! VIVA A CONTROVÉRSIA[5]

O aforismo que abre este texto, conhecimento enraizado na cultura afro-brasileira e registrado no livro *Òwe*[6], de Mãe Stella de Oxóssi (2007), nos remete a uma experiência comum às pessoas racializadas como negras em uma sociedade na

---

4. Este texto foi publicado pela primeira vez na coletânea *Beatriz Nascimento: quilombola e intelectual – possibilidade nos dias de destruição*, organizada pela União dos Coletivos Pan-Africanistas (2018). Segundo os organizadores, o documento original datilografado não possui registro de data, contudo, imagina-se que tenha sido redigido entre 1992 e 1995.

5. *Laroyê* é uma expressão iorubá que significa "Viva a controvérsia!". Essa expressão é frequentemente utilizada para saudar Èṣù, o "mais humano" dos Orixás iorubanos, "Aquele que toma partido sem constrangimento".

6. *Òwe* é uma palavra iorubá que significa "provérbio".

qual o projeto civilizatório da *modernidade/colonialidade* se estabeleceu: as investidas de massacre da nossa subjetividade. A imposição sistemática para administrar experiências que nos confrontam com valores, imaginários, narrativas únicas e subalternizantes, que apontam para a elaboração de nossa própria geografia corporal – e, no limite, nossa condição existencial – como um fardo. A convocação para assumir, internalizar, negociar ideais que apontam para a própria extinção. Em contraposição, o *ponto de vida* de Beatriz Nascimento nos indica outra trilha possível (e que tem sido coletivamente assumida) diante dos constrangimentos impostos pela violência: (re)inscrever-se no mundo a partir de nossas próprias lentes. Compor e difundir, no fluxo do *negro-vida*[7], nossas pequenas-grandes histórias cotidianas de resistência.

Assumo, na esteira de Bernardino-Costa, Maldonado-Torres e Grosfoguel (2019), a civilização moderna ocidental como um projeto civilizatório que tem a *colonialidade* como par constitutivo. Nesse sentido, podemos nos referir à modernidade ocidental como *modernidade/colonialidade*, considerando a *colonialidade* enquanto permanência da lógica de dominação da modernidade, a despeito dos processos de *descolonização* com relação ao domínio de administrações

7. Aqui nos remetemos a Guerreiro Ramos, ao assumir o ser humano de forma geral, e em particular o sujeito negro, em seu caráter dinâmico, inesgotável: "Mas uma coisa é o negro-tema; outra, o negro-vida. O negro-tema é uma coisa examinada, olhada, vista, ora como ser mumificado, ora como ser curioso, ou de qualquer modo como um risco, um traço da realidade nacional que chama a atenção. O negro-vida é, entretanto, algo que não se deixa imobilizar; é despistador, profético, multiforme, do qual, na verdade, não se pode dar versão definitiva, pois é hoje o que não era ontem e será amanhã o que não é hoje" (Ramos, 1957, p. 215).

coloniais diretas. Nesse contexto, considero, conforme afirma Grosfoguel (2019), que o racismo opera como um princípio organizativo fundamental de todas as relações de dominação da *modernidade/colonialidade*[8].

Conforme afirma Maldonado-Torres (2019), a *colonialidade*, para além da dimensão do poder (político, econômico, jurídico, militar), precisa ser entranhada, internalizada pelos sujeitos. É necessário certo nível de consentimento com relação à ordem naturalizada das coisas. O *status quo* justifica as "diversas camadas de desumanização dentro da modernidade/colonialidade" (p. 42). Nesse sentido, a *modernidade/colonialidade* envolve uma transformação nos modos de saber - *colonialidade do saber*; de ser - *colonialidade do ser*; e do poder - *colonialidade do poder*.

Tomando o sujeito colonizado, nos termos de Frantz Fanon, como um *damné*, um condenado, Maldonado-Torres (2019, p. 44) afirmará:

> Os condenados são os sujeitos que são localizados fora do espaço e do tempo humanos, o que significa, por exemplo, que eles são descobertos junto com suas terras em vez de terem o potencial para descobrirem algo ou de

---

8. "[...] na perspectiva decolonial, o racismo organiza as relações de dominação sem reduzir uma às outras, porém ao mesmo tempo sem poder entender uma sem as outras. O princípio de complexidade é o seguinte: não se pode reduzir como epifenômeno uma hierarquia de dominação à outra que a determine em 'última instância', porém tampouco se pode entender uma hierarquia de dominação sem as outras. Esse princípio de complexidade é o que Aníbal Pinto (1976) chamou de 'heterogeneidade histórico estrutural', Kyriakos Kontopoulos (1993) chamou de 'heterarquia' e as feministas negras chamam de "interseccionalidade" (Grosfoguel, 2019, p. 59-60).

> representarem um empecilho para conquista de seu território. Os condenados não podem assumir a posição de produtores do conhecimento, e a eles é dito que não possuem objetividade. Do mesmo modo, os condenados são representados em formas que os fazem se rejeitar, e enquanto mantidos abaixo das dinâmicas usuais de acumulação e exploração, podem apenas aspirar ascender na estrutura de poder pelos modos de assimilação que nunca são inteiramente exitosos.

Na analítica da colonialidade, o sujeito é o elemento central onde se conectam as três dimensões básicas: poder, ser e saber. Em outras palavras, o sujeito é elaborado a partir de sua localização no tempo e espaço, na estrutura de poder e na produção do saber. O sujeito se converte num território disputado; um campo a ser controlado e dominado. Neste processo, a subjetivação da dominação é elemento fundamental para a preservação das lógicas econômicas, políticas e existenciais da *modernidade/colonialidade* (Maldonado-Torres, 2019, p. 43).

As diferentes formas de subjetivação da dominação têm sido tomadas como privilegiado objeto de reflexão de grandes *Iyalodês*[9] de nossa diáspora. Neste capítulo dialogarei com algumas delas. Em especial, faço deste capítulo um

9. Nas sociedades Iorubás, a Iyalodê é título político, designando à posição de liderança daquela que fala em nome das mulheres na vida pública. Na esteira de Jurema Werneck (2007), recuperamos o termo no sentido de visibilizar a condição de protagonismo dessas mulheres negras que, em diáspora, representam para nós lideranças por uma vida justa.

Oriki[10] direcionado a Neusa Santos Souza, a Lélia Gonzalez e a Beatriz Nascimento, todas retornadas à massa primordial e tornadas ancestrais. A primeira, médica psiquiatra, pioneira no desvelamento da complexa teia psicossocial que constitui subjetividades negras em angústia. Pioneira formuladora do pensamento crítico antirracista na psicanálise[11] no Brasil, sua dissertação de mestrado, publicada como livro em 1983, *Tornar-se negro*, é considerada a primeira obra de referência enfocada na questão racial no campo da psicologia brasileira. A segunda, Lélia Gonzalez, filósofa, historiadora, antropóloga e uma das grandes intérpretes da sociedade brasileira,

---

10. Neste texto, mobilizamos a palavra *Oriki* no sentido mais amplo, de visibilização e reverência aos legados epistêmicos ofertados por essas intelectuais. Na cultura Ioruba, a palavra *Oriki* denomina um texto poético de louvação à cabeça. Entre os Iorubás, cada pessoa possui seu próprio *Oriki*. No geral, esses textos descrevem quem a pessoa é, ou quem espera-se que seja, em termos de virtudes, sorte, conquistas, as bençãos que a acompanham e seus feitos na Terra. Na religião do Candomblé de nação Ketu, *Orikis* são evocados em louvação aos Orixás, com narrativas que descrevem seus arquétipos e suas trajetórias mítico-existenciais.

11. Do ponto de vista da atuação clínica, não podemos esquecer Juliano Moreira, psiquiatra negro (1873-1933) fundador da disciplina psiquiátrica no Brasil. Nascido no ventre livre, "mulato", foi aprovado aos 13 anos de idade como aluno na Faculdade de Medicina da Bahia, por uma banca escravocrata. Formou-se aos 18 anos. Foi aluno de Nina Rodrigues, de quem se tornaria colega enquanto docente anos depois. Ao longo de sua trajetória clínica e intelectual, Moreira se oporia publicamente às teses eugênicas da época. Não podemos nos esquecer também de Virgínia Leone Bicudo, também mulher preta, a primeira a defender uma tese de mestrado no país estudando as "*atitudes raciais de pretos e mulatos em São Paulo*", em 1945. Ela foi a primeira psicanalisada no país, nos anos 1940, e se tornou a primeira psicanalista sem formação médica, fazendo parte da fundação da Sociedade Brasileira de Psicanálise de São Paulo. Para aprofundar o debate, ver Prestes (2020).

nos convidou a nos pensar *amefricanas*[12]. Por intermédio dela, descobrimos também, conforme será mais bem explorado adiante, que aqui o racismo é *sintomático* de uma *neurose cultural*[13]. A terceira, Beatriz Nascimento, historiadora, nos ensinou que, para o negro, tornar-se um sujeito político é uma possibilidade de recomeço, um exercício de recusa à mistificação, uma aposta no sentido de tomar o destino nas mãos e fazer a própria história[14].

DA PEDAGOGIA DO RACISMO

Neusa Santos Souza (1983) nos alerta que, embora as implicações da condição de sujeição e angústia que o racismo nos impõe sejam singulares, sua produção é social. Souza demonstra que ser racializado como negro na *modernidade/colonialidade* passa pelo compartilhamento de uma história de violência, pilhagem e desumanização que coloca obstáculos à

---

12. Lélia Gonzales cunhou a categoria da *amefricanidade* para designar a experiência comum vivida nos territórios geograficamente denominados, de uma perspectiva dominante, como parte do continente americano. A autora afirma a constituição de uma *Améfrica*, num processo de reconhecimento e demarcação das bases ameríndias e africanas que fundam estes territórios, de um ponto de vista político e cultural (Gonzalez, 2020b).

13. No que se refere à compreensão dos efeitos psicossociais do racismo, Frantz Fanon é referência incontornável. Contudo, neste texto priorizaremos as formulações de mulheres negras que, embora sistematicamente esquecidas, são parte fundamental da recepção do *fanonismo* no país. Para aprofundar o assunto, ver Nascimento (2019).

14. "Neste momento, abandonei qualquer projeto burguês, como se saísse por uma *Exit* imaginária da fila da passeata dos Cem Mil. Neste momento, eu tive consciência da minha cor preta e o quanto poderia recomeçar 'de novo'. Comecei, então, um ativismo político" (Nascimento, 2018).

organização de uma identidade negra positiva. Nesse sentido, conforme sinaliza Lélia Gonzalez (1988), corroborada por formulações de bell hooks (2019c p. 112), a *ideologia do branqueamento* ocupa um papel fundamental. Ele impõe sistematicamente, a partir de aparelhos ideológicos como a escola, a igreja, a família, a mídia de massa, noções que apontam para uma suposta universalidade e superioridade sociopolítica, cultural e corporal branca (Gonzalez; Hasenbalg, 1982). A eficiência dessa forma ideológica se revela pelos efeitos de "estilhaçamento e fragmentação da identidade racial que ele produz" (Gonzalez, 2020b, p. 132). Para Lélia Gonzalez, essa eficiência é sintetizada no desejo de embranquecer; nas palavras de Neusa Santos Souza (1983, p. 18), é "a tomada do branco como modelo de identificação e única possibilidade de "tornar-se gente"; e como sintetiza Beatriz Nascimento (2021, p. 44), tais mistificações e agressões não resolvidas fazem de nós verdadeiros "complexados".

Agora se faz relevante discutirmos o conceito psicanalítico de *narcisismo* (Freud, 1976; Araújo, 2010), que nos ajuda a explicar a constituição da identidade a partir de um ponto de vista intrapsíquico. Pressupõe-se que a identidade não é um pré-dado, mas construída socialmente desde os primeiros momentos da infância e (re)elaborada por toda a vida. Em uma criança, a base do *Eu* começa a se formar na relação com as pessoas que a cuidam, que garantem sua sobrevivência. É nessa dinâmica que a criança vai obter as primeiras representações de si mesma. Portanto, a formação do *Eu* depende de alteridade, pois essas representações iniciais são retiradas da imagem do *outro*. Tais representações, que constituem a base de todas as outras, formam o

Ego Ideal (o Eu ideal) desse sujeito. Contudo, a constituição da identidade depende de um outro produto: o *Ideal do Ego*.

O *Ego Ideal* é essa base da nossa identidade, essa primeira representação a que temos acesso a partir do contato com nossos cuidadores. Já o *Ideal do Ego* é constituído de um conjunto de representações, identificações que o sujeito assume como *ideais*, como requisitos para alcançar a satisfação plena. Em poucas palavras, trata-se de um modelo ao qual se tenta conformar. E esse modelo sempre faz um laço com o coletivo em que estamos inseridos.

Nesse debate, conforme sinalizado por Souza (1983), há uma consequência perversa para as pessoas racializadas como negras, porque estamos inseridas em um coletivo supremacista branco. Assim, na medida em que a ideologia do branqueamento é incorporada, somos impelidas a assumir um *Ideal do Ego* branco, impossível de conquistar. E é com esse *ideal* que o *Superego* vai comparar o *Ego* (nosso eu) o tempo inteiro.

Mas que raios é o *Superego*? Freud nos ensina que as representações que constituem o *Ideal do Ego*, essas imagens idealizadas de nós mesmos, quando se cristalizam, se destacam no aparelho psíquico como uma instância separada, que é o *Superego*. Trata-se de uma *instância crítica*, que o tempo todo compara o *Ideal* com o *Eu*. É a parte moral que nos aponta continuamente o que é ideal e o que devemos evitar. O *Superego*, por consequência, impõe restrições, reprime, doma o que Freud chamou de *ID* – um reservatório da nossa energia psíquica, guardando nossos instintos mais primitivos[15].

15. Para ampliar o debate sobre a teoria do Eu, ver Kaufmann (1996).

A incorporação de um *Ideal do Ego* branco, traduzida no desejo de embranquecer, significa desejar a própria extinção. Desse modo, a supremacia branca nos fere na base necessária para criação de uma estrutura psíquica que seja minimamente harmoniosa, passando necessariamente por vivenciar o corpo como uma fonte de vida e de prazer (Souza, 1983, p. 6). É a *ferida colonial* que, como afirma Grada Kilomba (2019), às vezes sangra, às vezes infecta, mas não se cura.

Os diferentes mecanismos pelos quais se engendra este doloroso processo de coação para assumir um sentido para a própria existência que passe necessariamente por *não ser*, pelo desejo impossível de *ser branco*, chamamos neste texto de *pedagogia do racismo*. A etimologia da palavra pedagogia me interessa de forma particular aqui. Essa palavra deriva de dois radicais da língua grega, *paidós* e *agogê*. A primeira significa criança, e a segunda remete à ideia de dependência e condução. É disso que se trata a pedagogia do racismo: um conjunto de mecanismos, de práticas cotidianas, pelos quais somos conduzidos a nos ler como uma extensão das prerrogativas da supremacia branca, uma extensão da palavra do branco. Infantilizados, objetificados e falados por terceiros (Gonzalez, 1988). Conforme Matheus Gato e Maria Trevisan (2020), essa "pedagogia estranha e corriqueira em que o ensinamento sobre as coisas da vida e os perigos do mundo exige a internalização da subordinação racial" é sistematicamente performada na vida pública, mas também no seio das famílias negras. No primeiro caso, enquanto um exercício de dominação; no segundo, como estratégia de sobrevivência.

É uma pedagogia permeada pela obsessão das famílias negras com os aspectos mais simples do cotidiano[16]. Nesse sentido, podemos elencar pelo menos cinco tipos de preocupações: 1) relacionadas à apresentação de documentos como RG, Carteira de Trabalho e Registro de Aluno, enquanto comprobatórios da própria dignidade, pois *preto não pode andar na rua sem documento. Tem que mostrar que é "gente de bem", inteligente*; 2) relacionadas ao trato com os agentes da força pública, o que se traduz em falas como "*Vamos atravessar a rua, filha. Não gosto de polícia. É bom não olhar nem na cara deles, pra não parecer que estamos provocando.*" Ou ainda: "*Seu tio está com o cabelo raspado. Vão achar que acabou de sair do presídio. Um negão desse tamanho, esquizofrênico, andando sozinho na rua. Não deixo. Se a polícia para ele, até perceber que ele anda de cara amarrada e fica quietinho por causa da doença, já vai ter acontecido coisa pior. Tenho medo*"; 3) relacionadas ao comportamento em estabelecimentos comerciais, pois é preciso lembrar que este é um país onde, ao entrar num supermercado, você corre o risco de sair morta[17]. "*Quando estiver no supermercado, evite tocar muito nos produtos. Não fuce na bolsa. Se precisar mexer nela, faça movimentos amplos, deixe sua mão bem à vista, pra não pensarem que você está tentando roubar alguma coisa. E não deixe sua bolsa dentro do carrinho*"; 4) relacionadas à higiene e ao

16. Os exemplos relatados a seguir são prescrições oferecidas por minha família durante minha educação, e representam relatos extremamente comuns entre pessoas negras.

17. Um exemplo noticiado na mídia em 2020 está em Cristina CAMARGO e Paula SPERB, "Homem negro morre após ser espancado por seguranças do Carrefour em Porto Alegre", https://bit.ly/2Y1UDZh.

autorrefinamento: *"não saia de casa com roupa desleixada. Cabelo desarrumado. Tem que andar arrumadinha, filha. Nós somos pretos, mas somos limpos."* 5) relacionadas à comprovação de posse de objetos de consumo, carregando a nota fiscal de celular e notebook na bolsa – e, caso tenha uma bicicleta elétrica, é bom manter os comprovantes de compra também. Vai que um casal de civis te interpela na rua[18]?

Das estratégias para disciplinar o comportamento, passando pelas investidas para alterar aspectos físicos, como alisamento dos cabelos (hooks, 2005) e produtos para clarear a pele (Déus, 2021) – coisas que as crianças traduzem no exercício de apertar o nariz com prendedores de roupa ou esfregar a pele com água sanitária –, até a escolha de parceiros amorosos com base no potencial de "limpeza do útero", conforme a narrativa de nossas avós – em outras palavras, branqueamento da descendência –, a pedagogia do racismo implica sobretudo um aprendizado do corpo (Gato; Trevisan, 2020). Implica também um verdadeiro "embaraço cognitivo", nas palavras de Souza (2008), quando a realidade não concorda

---

18. Em junho de 2021, o jovem instrutor de surf Matheus Nunes teve seu caso viralizado na mídia ao divulgar um vídeo que registra o momento em que foi interpelado na rua por dois jovens brancos, que assumiram que ele teria roubado sua própria bicicleta elétrica. Uma das jovens havia sido recentemente furtada na região. Lucas ALTINO, "Jovem negro denuncia casal branco por racismo, no Leblon, após precisar provar que é o dono de sua bicicleta elétrica", https://glo.bo/2ZyfaoL. Dias depois, um jovem branco, morador do Botafogo, com 28 passagens pela polícia por furto, foi preso como suspeito do roubo da bicicleta que motivou tal caso de racismo. Eric RIANELLI e Leslie LEITÃO, "Homem branco é preso suspeito de furtar bicicleta elétrica no Rio, caso motivou denúncia de racismo por jovem negro no Rio", https://glo.bo/3CLJMkL.

com o prescrito pela dinâmica das relações raciais. Negros nas universidades, negros no aeroporto, negros ocupando espaços institucionais de poder: corpos impróprios, fora do "lugar de negro" (Gonzalez; Hasenbalg, 1982).

Por outro lado, com relação ao processo de ser racializado como branco, a pedagogia do racismo envolve também uma verdadeira *epistemologia da ignorância*[19], conforme Charles W. Mills (1997).

O racismo produz, entre nós, uma condição de *outridade*[20] (Kilomba, 2019, p. 78) em relação ao suposto ser humano legítimo branco. A produção dessa outridade implica um acúmulo de eventos violentos, que revelam não apenas um padrão de abuso racial histórico, mas também memórias coletivas do trauma colonial que nos é imposto. Daí a formulação de Kilomba (2019, p. 80), do racismo como um *ato de ocupação colonial*, performado em *episódios de racismo cotidiano*.

Ao mesmo tempo, essa condição de outridade é constituída a partir de aspectos reprimidos da supremacia branca

19. Segundo Mills, parte do processo de ser racializado como branco é a produção de uma "miopia cognitiva" que frequentemente atravanca um autoconhecimento e o entendimento genuíno do mundo criado pela supremacia branca (Mills, 1997, p. 18). A mistificação do mundo "negro" e a omissão no que se refere a raça e racismo fazem parte dessa miopia cognitiva, o que coaduna com a perspectiva de Maria Aparecida Silva Bento (2002), da invisibilização dos próprios privilégios, da própria condição de sujeito racializado, enquanto elemento da branquitude. Nos termos de Bento (p. 2002, p. 26), o "acordo tácito entre os brancos de não se reconhecerem como parte absolutamente essencial na permanência das desigualdades raciais no Brasil" é conceituado como "pacto narcísico da branquitude".

20. Nas palavras de Kilomba (2019, p. 78), a condição de outridade diz respeito à imposição sobre o "negro" da personificação de aspectos indesejados e reprimidos pela sociedade branca.

(Kilomba, 2019, p. 79-80)[21], por imaginários de: *infantilização* – Lélia Gonzalez já havia sacado que o sujeito negro é pintado como dependente, que não tem direito à voz própria e é falado, caracterizado pelo outro, o branco, a seu bel-prazer); *primitivização* – o sujeito se torna a personificação de tudo o que é exótico e atrasado; *incivilização* – o negro é retratado como ameaçador, criminoso, perigoso; *animalização* – destitui-se a pessoa negra de sua vinculação à espécie humana, associando sua imagem à do macaco, por exemplo; *erotização* – a mulher negra aparece como ultrassexualizada, e o homem, como o estuprador em potencial.

Tais imaginários, que na obra de Neusa Santos Souza seriam definidos nos termos de *mito negro* (1983, p. 26), ao atribuírem uma feição universal ao negro, (co)produzem em contraposição uma feição também universalizada do branco, como síntese de nobreza, racionalidade, moralidade, humanidade. Ainda, tal mito impõe um desafio: é incontornável negociá-lo, seja pela via de sua aceitação e incorporação de ideais de embranquecimento, seja pela via de sua recusa devida à politização do sujeito:

---

21. Sobre essa perspectiva, Glória Anzaldúa também deixa sua contribuição: "Precisamos que vocês nos compensem em público: que digam que para compensar seus próprios defeitos, vocês lutam para terem poder sobre nós, vocês apagam nossa história e nossa experiência, porque lhes fazem sentir culpados – preferem esquecer seus atos de brutalidade. Que digam que se separam das minorias, que nos desconhecem, que suas consciências duplas separam parte de vocês, transferindo o lado 'negativo' para nós. (Onde há perseguição às minorias, há projeção de sombras. Onde há violência e guerra, há repressão de sombra)" (Anzaldúa, [1987], 2019, p. 332).

> Interpelado num tom e numa linguagem que o dilacera inteiro, o negro se vê diante do desafio múltiplo de conhecê-lo e eliminá-lo. Como Édipo, se encontra frente a frente à Esfinge e seu enigma: é vital apoderar-se do conhecimento, desvendar a resposta e assim destruir o inimigo para seguir livre. [...] obviamente, cabe a negros e não negros a consecução desse intento, mesmo porque o mito negro é feito de imagos fantasmáticas compartilhadas por ambos (Souza, 1983, p. 26).

Esses imaginários, mais do que estereótipos, compõem verdadeiras *imagens de controle*, na conceituação de Patricia Hill Collins (2019, p. 140-171), geradas como parte das ferramentas de subordinação do empreendimento colonial e escravista, contribuindo para justificar as hierarquias interseccionais de opressão que perduram na definição do lugar de marginalidade que ocupamos.

DANDO A RASTEIRA NA SUPREMACIA BRANCA: AGENCIAMENTOS DESDE A *MARGEM*

Ao falarmos sobre as implicações do racismo para os processos de subjetivação do negro, não podemos deixar de mencionar uma dimensão importante: o desenvolvimento de um modo particular de interpretação da realidade, a partir da condição de marginalização. Tal como discutido por bell hooks (2015), Luiza Bairros (1995) e também Kilomba (2019), ocupando a margem, as pessoas negras têm historicamente se tornado especialistas na observação do outro branco, por uma questão de sobrevivência. Perspectiva semelhante é expressa por Mills (2018, p. 418), dialogando com James Baldwin (1961, p. 217):

> Frequentemente, para sua própria sobrevivência, negros têm sido forçados a se tornar antropólogos leigos, estudando a cultura, os costumes e a mentalidade estranha da "tribo branca" que tem um poder tão assustador sobre eles que, em certas épocas, podem até determinar sua vida ou morte por um capricho. (Em circunstâncias particulares, então, a ignorância branca pode precisar ser ativamente *encorajada*, por isso diz o poema popular negro americano, "Tenho uma mente para as pessoas brancas verem/ A outra para o que eu sei que sou eu"[22], ou, como na avaliação brutalmente sincera de James Baldwin, "Eu passei toda a minha vida, afinal, observando pessoas brancas e sendo mais astuto que elas, para que eu pudesse sobreviver".

Assim, a margem emerge como espaço de agência e possibilidade (Kilomba, 2019, p. 68). Nesse sentido, Lélia Gonzalez (1983, p. 76) nos traz contribuições fundamentais. Indagando sobre as razões que levaram à ampla difusão e à aceitação do *mito da democracia racial,* Lélia conclui que o racismo em nosso país se configura como uma *sintomática que caracteriza a neurose*[23]*cultural brasileira.* Em sua interpretação,

---

22. *Got one mind for white folks to see / Another for what I know is me.*

23. A ideia de neurose se relaciona à de recalque. Na psicanálise freudiana, o recalque é um mecanismo de defesa do Ego pelo qual ideias e experiências são tornadas inacessíveis ao consciente. Entretanto, tornar inacessível não significa que o que foi recalcado deixou de produzir sintomas. Uma

tomando o país como clínica, Gonzalez observa na posição ocupada pela mulher negra, enquanto mucama e ama de leite, um exercício de "resistência passiva":

> Foi em função de sua atuação como mucama que a mulher negra deu origem à figura da mãe preta, ou seja, aquela que efetivamente, ao menos em termos de primeira infância (fundamental na formação da estrutura psíquica de quem quer que seja), cuidou e educou os filhos de seus senhores, contando-lhes histórias sobre o quibungo, a mula sem cabeça e outras figuras do imaginário popular (Zumbi, por exemplo). [...] Não podemos deixar de levar em consideração que existem variações quanto às formas de resistência. E uma delas é a chamada "resistência passiva". Ao nosso ver, a mãe preta e o pai-joão, com suas histórias, criaram uma espécie de "romance familiar" que teve uma importância fundamental na formação dos valores e crenças do povo, do nosso *Volksgeist*. Conscientemente ou não, passaram para o brasileiro "branco" as categorias das culturas africanas de que eram representantes. Mais precisamente, coube à mãe preta, enquanto *sujeito suposto saber*, a africanização do português falado no Brasil (o "pretuguês",

---

lembrança é recalcada porque, relegada ao inconsciente, sempre ligada a uma experiência com um outro, se torna incompatível com o consciente, sendo insuportável para o sujeito. Trata-se de ideias intragáveis, pois se chocam com valores que constituem a vida cotidiana. Já a neurose é uma das sintomáticas do processo de recalque. Ela pode ser classificada como um tipo de compulsão, na medida em que se impõe ao sujeito. Estamos falando de pensamentos, afetos, comportamentos, impulsos. Por trás de toda neurose existe o recalque de uma representação intolerável.

> como dizem os africanos lusófonos) e, consequentemente, a própria africanização da cultura brasileira (Gonzalez, 2020a, p. 53-54).

A mãe preta, por sua posição no trabalho reprodutivo, se converte na mãe simbólica da sociedade brasileira – aquela que, efetivamente cumprindo a função materna, transmitiu aos filhos do senhor de escravizados seus valores e sua linguagem, nosso *pretuguês*[24]. É interessante destacar que Gonzalez se refere à mãe preta como *sujeito suposto saber*. Tal conceito, de um ponto de vista lacaniano, diz respeito ao processo pelo qual o analisado crê que o analista sabe mais sobre si (a significação de sua fala, os sentidos dos eventos passados) do que ele mesmo. Esse processo é essencial para que a *transferência*[25] ocorra e o trabalho analítico seja efetivo. Assim, ao atribuir à mãe preta tal posição, Gonzalez lhe imputa um lugar de poder. O cerne dessa posição é expresso anos depois por Luiza Bairros (1995, p. 463):

> Mais especificamente nossa posição pode ser melhor compreendida através do lugar ocupado pelas empregadas domésticas. Um trabalho que permitiu a mulher negra ver a elite branca a partir de uma perspectiva a que os homens negros e nem mesmo os próprios brancos tiveram acesso.

---

24. Lélia Gonzalez cunha o termo "pretuguês" para visibilizar a africanização da língua portuguesa falada no Brasil, influenciada por um vocabulário bantu.

25. Para ampliar o debate sobre os conceitos de sujeito suposto saber e transferência em Lacan, ver Gobbato (2001).

Esse atestado de maternidade negra, intragável às prerrogativas da branquitude, precisa ser violentamente recalcado. Por isso Lélia Gonzalez afirma que "a neurose cultural brasileira tem no racismo seu sintoma por excelência" (1988, p. 127). Neste território – fundamentalmente *amefricano*, mas que deseja se pensar branco – o racismo se revela justamente por sua *denegação*. Assim compreendemos por que o mito da democracia racial se difundiu tanto. Lélia Gonzalez nos explica que esse mito sintetiza um processo de recalcamento da nossa realidade objetiva, relacionado ao direcionamento da violência[26]. Por um lado, gera-se a violação constante das pessoas e coisas pretas, testemunhos da realidade intragável que é a africanização da sociedade brasileira; por outro, nega-se essa violência, através da noção fantasiosa de *democracia racial* (Gonzalez, 2020a, p. 127).

DECOLONIZANDO O EU: DAS SAÍDAS OFERECIDAS PELA *PEDAGOGIA FEMINISTA NEGRA*

Segundo Kilomba (2019, p. 69), "é o entendimento e o estudo da própria marginalidade que criam a possibilidade de devir como um novo sujeito". Contudo, conforme bell hooks (2019c, p. 113), a oposição e a resistência à colonização de si não bastam. "Naquele espaço disponível depois que alguém resiste,

26. O genocídio da população negra é exemplo franco. Segundo dados do Atlas da Violência produzido pelo Instituto de Pesquisa Econômica Aplicada (Brasil, 2020), homens negros morrem em média 2,7 vezes mais que não negros, representando 75,7% das vítimas de homicídio. Já no que se refere ao feminicídio, mulheres negras representam 68% do total das mulheres assassinadas no Brasil.

ainda há a necessidade de tornar-se – de criar a si novamente", de emergir como agente, de (re)elaborar-se para além da angústia e promover um novo "território existencial e físico" (Nascimento, 2018), onde seja possível viver. Neusa Santos Souza (1983) concorda ao afirmar que é preciso assumir um novo *ideal de Ego*, que lhe ofereça um rosto próprio. Tornar-se negro, portanto, não é se identificar com as mistificações da condição de *outridade/mito negro*. "A gente nasce preta, mulata, parda, marrom, roxinha, dentre outras, mas tornar-se negra é uma conquista", costumava dizer Lélia Gonzalez. Souza (1983, p. 77) chega à mesma conclusão e nos indica que esse processo, fundamentalmente político, se dá pela tomada de consciência dos mecanismos da *ideologia do branqueamento* e pela criação de uma nova consciência, a partir da contestação das narrativas impostas por essa ideologia. Trata-se de nos despedir de uma vez por todas do lugar de *Outro*, subjugado, imposto pela supremacia branca (Kilomba, 2019).

No enfrentamento da tarefa de decolonizar nossa vida, a produção intelectual feminista negra apresenta um conjunto de saberes articulados, que baseiam um modelo filosófico nomeado neste livro como *pedagogia feminista negra*. Tais saberes apontam caminhos preciosos levados a cabo pelas feministas negras no sentido de produzir algo maior e melhor do que a *modernidade/colonialidade*. Como afirmaram mais de 50 mil mulheres negras na sua Marcha em Brasília no ano de 2015, trata-se de promover novos marcos civilizatórios (Figueiredo, 2018).

A perspectiva de que o racismo é uma problemática branca (Kilomba, 2016) nos convida a desenvolver uma relação conosco e sobre nós, apartada das lentes alienantes da supremacia branca. Para isso é necessário um discurso sobre nós, que crie as condições para revelar as contradições entre nossas experiências cotidianas e as *imagens de controle*. Aqui, nas palavras de Collins (2019, p. 182), entra o poder da *autodefinição*.

Não por acaso, Neusa Santos Souza e Lélia Gonzalez se reencontram na perspectiva de que a violação de nossa humanidade está implicada na negação do direito à voz própria. Em contraponto, coadunam a valorização do uso do *ọfọ̀*[27], escrito ou falado: possuir um discurso sobre si mesmo é exercer autonomia (Souza, 1983). Trata-se de um exercício de subjetivação (Kilomba, 2019).

Assim, um eixo fundamental da práxis feminista negra – isto é, nosso processo de ação-reflexão-ação sobre nosso lugar na história – se traduz no conceito de *conhecimento situado* (Collins, 2019), que neste capítulo decidimos substituir pela categoria *ponto de vida*. Mulheres negras, sejam aquelas vinculadas à academia, sejam aquelas alijadas desse espaço (como Sojourner Truth, Mãe Stella de Oxóssi, Carolina Maria de Jesus e tantas outras), nos convidam a mobilizar a posição marginalizada que nos é imposta para produzirmos perspectivas distintas e criativas, que qualificam e reconfiguram os paradigmas científicos hegemônicos e racializados, porque produzidos do ponto de vista da supremacia branca. Na esteira dessas *Iyalodês*, confiamos na perspectiva de que teorizar sobre nossa experiência, nosso *ponto de existência*, se configura como um lugar para cura. Essa perspectiva se liga à afirmação de que,

27. Palavra iorubá que remete ao exercício da palavra como dotado de encantamento, *àṣẹ*, isto é, poder de realizar.

em contraponto à uma pedagogia do racismo, uma pedagogia feminista negra é essencialmente uma prática da liberdade. Nesse sentido, diversas lições importantes têm sido acumuladas ao longo da história de lutas e constituição das mulheres negras como sujeitos políticos.

Uma primeira lição tem sido promovida por mulheres negras milenarmente: a abertura de *espaços seguros* (Collins, 2019, p. 185) entre nós para evocar nossas vozes. Reconhecemos esse processo em sociedades religiosas como as *Gélédés*[28], em solo africano; nas irmandades da diáspora, como a histórica Irmandade da Boa Morte (1820); nos primeiros terreiros de candomblé – fundados, chefiados e majoritariamente ocupados por mulheres negras; na autonomização de um movimento feminista negro no país, com o surgimento de coletivos como Aqualtune (1979) e Nzinga (1983); e nas muitas outras organizações e repertórios de movimentação que vêm se conformando até a atualidade (Rios; Maciel, 2017/2018; Facchini; Carmo; Lima, 2020). Passamos a falar em nosso próprio nome, em toda nossa diversidade. Trata-se de encontrar uma linguagem que suporte e ressignifique a nossa dor (hooks, 2020a), a fim de organizar nossas estratégias de inserção e, sobretudo, inverter a ordem do discurso, ocupando-nos do que nos diz respeito. Essa é uma tarefa que depende de trabalho coletivo, como têm demonstrado os diferentes grupos comunitários de mulheres negras ao longo de nossa história de luta política.

28. Sociedades secretas matripotentes de caráter religioso, voltadas ao culto à ancestralidade nas civilizações Iorubás.

Uma segunda lição: estarmos abertas a acolher nossos afetos, inclusive aqueles condenados pela perspectiva brancocêntrica cristã, porque esta se beneficia do nosso silenciamento. Uma afirmação feminista negra diz respeito ao direito de ter raiva (Lorde, 2007) e ao entendimento de que essa raiva, produzida pelas relações de opressão, também não nos pertence, ou seja, não deve nos tornar vítimas da *imagem de controle* da *negra raivosa*[29].

Por outro lado, é preciso diferenciar a raiva do ódio, e a dor do sofrimento. A raiva guarda em si um potencial de transformação. Quando digerida entre pares, com o objetivo de transformar a realidade, é convertida em uma linguagem de poder capaz de promover articulações e respostas criativas diante de sua fonte, a violência racista. Já o ódio tem lugar nos opressores, sendo descrita por Audre Lorde como "a fúria daqueles que não partilham de nossos objetivos, e os quais têm como objetivo a morte a destruição" (2007, p. 172). Enquanto a raiva é a reação diante da opressão, o ódio *deles* é a fonte das violências que nos atravessam. A instrumentalização da raiva passa também por uma diferenciação entre dor e sofrimento. Segundo Lorde (2007, p. 172), a dor é

29. Nas palavras de Shirley Anne Tate (2019, p. 198): "Nomear a dor psicológica institucional como raiva contra a injustiça racista permite produzir agência, ação e solidariedade. [...] Eu estou com raiva, eu estou magoada, eu estou com dor enquanto eu me refaço como sempre soube quem eu era. Envolvo-me no meu refazer sem a necessidade do olhar de reconhecimento, amizade, solidariedade, amor, atenção ou respeito da supremacia branca feminista. Eu não estou mais cercada pela máscara fanoniana (1986) da 'mulher negra raivosa'. Começo a mostrar-me na minha totalidade, na minha solidão, mas não menos na minha singularidade como alguém com experiência, com um passado e um futuro".

> [...] uma experiência que deve ser reconhecida, nomeada e, em seguida, usada de alguma forma para que a experiência mude e seja transformada em outra coisa: força, conhecimento, ou ação. O sofrimento, por outro lado, é o pesadelo revivido da dor não analisada e não metabolizada.

Daí a importância de defender nossos espaços de reflexão, autodefinição e ressignificação da dor, para digeri-la, metabolizá-la; a relevância de Coletivos, Frentes, Marchas, dos agenciamentos no campo da produção acadêmica; dos grupos culturais; dos registros escritos e falados. São diversos espaços, espraiados, de *aquilombamento* – o que talvez uma Nancy Fraser (1990) chame de *contra-públicos subalternos*.

No mesmo caminho, é preciso recuperar nosso direito à espontaneidade e complexidade como sujeitos. A noção de superpotência e a incorporação de um ideal sufocante de perfeição e excelência negra devem ser também abandonadas (Souza, 1983, p. 32). Nas palavras de Grada Kilomba, "despedir-se dessa fantasia de perfeição é a terceira tarefa crucial para o sujeito negro, a fim de não se limitar à/ao *Outra/o* desidealizado nem à/ao *Outra/o* idealizado, mas para chegar ao eu complexo" (2019, p. 235, grifo nosso).

Todas essas lições desembocam na exigência de nos despedirmos, de uma vez por todas, do lugar de *Outras* e da fantasia de nos explicarmos e nos encaixarmos no mundo branco (Kilomba, 2019, p. 230). A pedagogia feminista negra nos conduz então a um exercício de refazimento que passa por escolhas individuais, mas sobretudo coletivas. Esse exercício se sintetiza na ideia de *empoderamento*, conforme desvelado por Joice Berth (2018). Nossa única possibilidade de existência plena passa pela produção coletiva de novos marcos civilizatórios. Falamos na capacidade de agir em conjunto, em defesa da nossa existência enquanto grupo humano, a partir de uma compreensão crítica de nossa história, para que nossas existências, racializadas negras, nunca mais sejam percebidas como carga ou fonte de suposta ausência.

Tayná Victória de Lima Mesquita é socióloga, pesquisadora e educadora. Atua na defesa dos direitos humanos, com enfoque no direito à educação e na promoção da igualdade racial e de gênero. Graduada em Ciências Sociais pela Universidade Estadual de Campinas (Unicamp), mestre em Educação e doutoranda em Ciências Sociais pela mesma instituição. É pesquisadora discente do Núcleo de Estudos de Gênero (Pagu/Unicamp). Tem como principais interesses de pesquisa: teorias da ação coletiva, movimentos sociais negro, feminista e LGBTQIA+ contemporâneos, teorias críticas da educação, estudos decoloniais, interseccionalidades, diferença e processos de subjetivação. É autora do livro *Exclusão escolar racializada: implicações do racismo na trajetória de educandos negros da EJA* (2019).

Contato: viccmesquita@gmail.com

REFERÊNCIAS

ALTINO, Lucas. Jovem negro denuncia casal branco por racismo, no Leblon, após precisar provar que é o dono de sua bicicleta elétrica. *O Globo*, 14 jun. 2021. Disponível em: https://glo.bo/2ZyfaoL. Acesso em: 28 jun. 2021.

ANZALDÚA, Gloria. La conciencia de la mestiza: rumo a uma nova consciência. *In*: HOLLANDA, Heloísa Buarque. (org.). *Pensamento feminista*: conceitos fundamentais. Rio de Janeiro: Bazar do Tempo, 2019. p. 323-340. Originalmente publicado em 1987.

ARAÚJO, Maria das Graças. Considerações sobre o narcisismo. *Estudos de Psicanálise*, Belo Horizonte, n. 34, p. 79-82, 2010. Disponível em: https://bit.ly/3kEW2gM. Acesso em: 28 jun. 2021.

BAIRROS, Luiza. Nossos feminismos revisitados. *Estudos Feministas*, Florianópolis, ano 3, n. 2, p. 458-463, 1995.

BALDWIN, James. *Nobody knows my name*. New York: Vintage International, 1961.

BATE-PAPO sobre o livro "Uma história feita por mãos negras" [*S. l.*], 2021. 1 vídeo (70 min). Publicado pelo canal da Companhia das Letras. 17 jun. 2021. Disponível em: https://bit.ly/2WaN1CG. Acesso em: 28 jun. 2021.

BENTO, Maria Aparecida Silva. Branqueamento e branquitude no Brasil. *In*: CARONE, Iray; BENTO, Maria Aparecida Silva (org.). *Psicologia social do racismo*: estudos sobre branquitude e branqueamento no Brasil. Petrópolis: Vozes, 2002. p. 25-58.

BERNARDINO-COSTA, Joaze; MALDONADO-TORRES, Nelson; GROSFOGUEL, Ramón. *Decolonialidade e pensamento afrodiaspórico*. Belo Horizonte: Autêntica, 2019.

BERTH, Joice. *O que é empoderamento?* Belo Horizonte: Letramento, 2018.

BRASIL. Instituto de Pesquisa Econômica Aplicada. *Atlas da Violência 2020*. Brasília: IPEA, 2020. Disponível em: https://bit.ly/3AJokwm. Acesso em: 26 fev. 2021.

CAMARGO, Cristina; SPERB, Paula. Homem negro morre após ser espancado por seguranças do Carrefour em Porto Alegre. *Folha de S.Paulo*, 20 nov. 2020. Disponível em: https://bit.ly/2Y1UDZh. Acesso em: 28 jun. 2021.

COLLINS, Patricia Hill. *Pensamento feminista negro*. São Paulo: Boitempo, 2019.

DÉUS, Frantz Rousseau. *Paradoxo haitiano*: identidade negra e "branqueamento" na contemporaneidade. Curitiba: Appris, 2021.

FACCHINI, Regina; CARMO, Íris Nery; LIMA, Stephanie Pereira Lima. Movimentos feminista, negro e LGBTI no Brasil: sujeitos, teias e enquadramentos. *Educação & Sociedade*, Campinas, v. 41, e230408, 2020.

FIGUEIREDO, Ângela. Perspectivas e contribuições das organizações de mulheres negras e feministas negras contra o racismo e o sexismo na sociedade brasileira. *Revista Direito e Práxis*, Rio de Janeiro, v. 9, n. 2, p. 1080-1099, 2018.

FRASER, Nancy. Rethinking the public sphere: a contribution to the critique of actually existing democracy. *Social Text*, Durham, n. 25/26, p. 56-80, 1990.

FREUD, Sigmund. Narcisismo: uma introdução. *In*: FREUD, Sigmund. *A história do movimento psicanalítico, artigos sobre metapsicologia e outros trabalhos*. Rio de Janeiro: Imago, 1976. p. 85-120. Originalmente publicado em 1914.

GATO, Matheus; TREVISAN, Maria Carolina. Miguel e a pedagogia do racismo. *Portal Geledés*, São Paulo, 6 jun. 2020. Disponível em: https://bit.ly/3i9o9mA. Acesso em: 28 jun. 2021.

GOBBATO, Gilberto Gênova. Transferência: amor ao saber. *Ágora*, Rio de Janeiro, v. 4, p. 103-114, 2001.

GONZALEZ, Lélia. Racismo e sexismo na cultura brasileira. *Ciências Sociais Hoje*, Brasília: Anpocs, n. 2, p. 223-44, 1983.

GONZALEZ, Lélia. A categoria político-cultural da amefricanidade. *Tempo Brasileiro*, Rio de Janeiro, n. 92-3, p. 69-81, 1988.

GONZALEZ, Lélia. *Por um feminismo afro-latino-americano*: ensaios, intervenções e diálogos. Rio de Janeiro: Zahar, 2020a.

GONZALEZ, Lélia. A categoria político-cultural da amefricanidade. *In*: RIOS, Flavia; LIMA, Márcia. (org.). *Por um feminismo afro-latino-americano*: ensaios, intervenções e diálogos. Rio de Janeiro: Zahar, 2020b. p. 127-138.

GONZALEZ, Lélia, HASENBALG, Carlos A. *Lugar de negro*. Rio de Janeiro: Marco Zero, 1982.

GROSFOGUEL, Ramón. Para uma visão decolonial da crise civilizatória e dos paradigmas da esquerda ocidentalizada. *In*: BERNARDINO-COSTA, Joaze; MALDONADO-TORRES, Nelson; GROSFOGUEL,

Ramón. *Decolonialidade e pensamento afrodiaspórico*. Belo Horizonte: Autêntica, 2019. p. 55-79.

HOOKS, bell. Alisando nuestro pelo. *La Gaceta de Cuba*, Havana, n. 1, p. 70-73, 2005.

HOOKS, bell. Mulheres negras: moldando a teoria feminista. *Revista Brasileira de Ciência Política*, Brasília, n. 16, p. 193-210, 2015.

HOOKS, bell. *Erguer a voz*: pensar como feminista, pensar como negra. São Paulo: Elefante, 2019a.

HOOKS, bell. *O feminismo é para todo mundo*: políticas arrebatadoras. Rio de Janeiro: Rosa dos Tempos, 2019b.

HOOKS, bell. *Olhares negros*: raça e representação. São Paulo: Elefante, 2019c.

KAUFMANN, P. Eu. *In*: DICIONÁRIO Enciclopédico de Psicanálise: o legado de Freud e Lacan. Rio de Janeiro: Zahar, 1996. p. 173-187.

KILOMBA, Grada. "O racismo é uma problemática branca", diz Grada Kilomba. [Entrevista concedida a] CartaCapital. *CartaCapital*, 30 mar. 2016. Disponível em: https://bit.ly/3mWHhHp. Acesso em: 28 out. 2021.

KILOMBA, Grada. *Memórias da plantação*: episódios de racismo cotidiano. São Paulo: Cobogó, 2019.

LORDE, Audre. Uses of Anger: women responding to racism. *In*: LORDE, Audre. *Sister outsider*: essays and speeches. New York: Random House, 2007. p. 124-133.

MALDONADO-TORRES, Nelson. Analítica da colonialidade e da decolonialidade: algumas dimensões básicas. *In*: BERNARDINO-COSTA, Joaze; MALDONADO-TORRES, Nelson; GROSFOGUEL, Ramón. *Decolonialidade e pensamento afrodiaspórico*. Belo Horizonte: Autêntica, 2019. p. 27-54.

MILLS, Charles Wade. *The racial contract*. New York: Cornell University Press, 1997.

MILLS, Charles Wade. Ignorância branca. *Griot*, Amargosa, v. 17, n. 1, p. 413-438, 2018.

NASCIMENTO, Beatriz. Por um território (novo) existencial e físico. *In*: NASCIMENTO, Beatriz. *Quilombola e intelectual*: possibilidade nos dias de destruição. Diáspora Africana: Filhos da África, 2018. p. 413-430.

NASCIMENTO, Rosânia. Frantz Fanon no Brasil: uma releitura da sua recepção pelo pensamento negro feminista. *Ártemis*, João Pessoa, v. 27, n. 1, p. 158-181, 2019.

NASCIMENTO, Beatriz. *Uma história feita por mãos negras*: relações raciais, quilombos e movimentos. Rio de Janeiro: Zahar, 2021.

OXÓSSI, Mãe Stella de. *Ówe/Provérbios*. Salvador: Ilê Axé Opô Afonjá, 2007.

PRESTES, Clélia R. S. Não sou eu do Campo Psi? Vozes de Juliano Moreira e outras figuras negras. *Revista da ABPN*, São Paulo, v. 12, n. esp., p. 52-77, 2020. Disponível em: https://bit.ly/3EUhJlh. Acesso em: 28 jun. 2021.

RAMOS, A. Guerreiro. *Introdução crítica à sociologia brasileira*. Rio de Janeiro: Andes, 1957.

RIANELLI, Eric; LEITÃO, Leslie. Homem branco é preso suspeito de furtar bicicleta elétrica no Rio; caso motivou denúncia de racismo por jovem negro no Rio. *O Globo*, 17 jun. 2021, Disponível em: https://glo.bo/3CLJMkL. Acesso em: 28 jun. 2021.

RIOS, Flavia; MACIEL, Regimeire. Feminismo negro brasileiro em três tempos: mulheres negras, negras jovens feministas e feministas interseccionais. *Labrys: études féministes/estudos feministas*, [*S. l.*], 2017/2018. Disponível em: https://bit.ly/3AHFI4F. Acesso em: 28 jun. 2021.

SOUZA, Neusa Santos. *Tornar-se negro*. São Paulo: União dos Coletivos Pan-Africanistas, 1983.

SOUZA, Neusa Santos. Saúde mental e espiritual da população negra brasileira. [Entrevista concedida a] Lázaro Ramos. *Programa Espelho*. Rio de Janeiro: Canal Brasil, 2008.

TATE. Shirley Anne. Descolonizando a raiva: a teoria feminista negra e a prática nas universidades do Reino Unido. *In*: BERNARDINO-COSTA,

Joaze; MALDONADO-TORRES, Nelson; GROSFOGUEL, Ramón. *Decolonialidade e pensamento afrodiaspórico*. Belo Horizonte: Autêntica, 2019. p. 171-182.

WERNECK, Jurema. *O samba segundo as Ialodês*: mulheres negras e a cultura midiática. 2007. Tese (Doutorado em Comunicação) – Escola de Comunicação, Universidade Federal do Rio de Janeiro, Rio de Janeiro, 2007.

FUNDOS SOLIDÁRIOS NEGROS E MOVIMENTO NEGRO EDUCADOR: POSSÍVEIS CONFORMIDADES

Aline Odara (Aline Telles Coelho)

Nesse capítulo pretendo apresentar hipóteses sobre características pedagógicas das ações de fundos solidários de pessoas negras no Brasil, à luz de teorias do pensamento feminista negro, além de fazer um resgaste histórico dos primeiros fundos geridos por essa população em território brasileiro. Parto da contextualização do sujeito negro da história para apresentar o debate. Em seguida, abordarei conceitos como colonialismo, colonialidade, mito da democracia racial e, tendo-os como pressupostos, discorrerei de forma concisa sobre as violências materiais e simbólicas enfrentadas cotidianamente pelas populações negras, que resultam na criação de organizações de resistência para combate a violências, racismos e desigualdades estruturais, em períodos pré e pós-coloniais.

Em seguida, analisarei, a partir dos pensamentos de Nilma Lino Gomes, Lélia Gonzalez, bell hooks e Patricia Hill

Collins, os fundos solidários de pessoas negras como parte deste movimento negro insurgente, considerando seus aspectos educacionais e sua importância para a formação de sujeitos negros autônomos, com habilidade de se autodefinir, autoavaliar e trazer à tona outras narrativas epistêmicas.

FORMAÇÃO DA SOCIEDADE BRASILEIRA E AS IRMANDADES GESTORAS DOS PRIMEIROS FUNDOS SOLIDÁRIOS ENTRE PESSOAS NEGRAS NO BRASIL

A sociedade brasileira tem suas bases no *colonialismo*: um sistema político e econômico de dominação que, para produzir riquezas, justifica o sequestro e a escravização com uma suposta ausência de humanidade de povos negros e indígenas. Esse processo ainda hoje impacta nossos acessos materiais.

As populações africanas sequestradas por europeus e trazidas ao Brasil eram oriundas de sociedades complexas, produtoras de ciência, cultura, filosofia, religião e economia. Quando aqui foram forçosamente estabelecidas, foram submetidos, além da violência física, a um longo e intenso processo de assimilação cultural, imposto pelos europeus, que se amparavam em uma hierarquização social para manipular em pessoas negras estruturas psíquicas subalternizadas, com fins dominadores, impondo e perpetuando, desta maneira, submissão e servilismo. A este processo dá-se o nome de *colonialidade*. Aníbal Quijano explica a diferença entre colonialismo e colonialidade:

> O controle da autoridade política, dos recursos de produção e do trabalho de uma população determinada possui

> uma diferente identidade e as suas sedes centrais estão, além disso, em outra jurisdição territorial. Porém nem sempre, nem necessariamente, implica relações racistas de poder. O Colonialismo é, obviamente, mais antigo; no entanto a colonialidade provou ser, nos últimos 500 anos, mais profunda e duradoura que o colonialismo. Porém, sem dúvida, foi forjada dentro deste, e mais ainda, sem ele não teria podido ser imposta à inter-subjetividade de modo tão enraizado e prolongado (Quijano, 2009, p. 73).

Embora a população escravizada se encontrasse em uma estrutura violenta e etnocida – que não apenas dominava seus corpos e lhes impunha a fé cristã, mas também aniquilava sua cosmopercepção, invalidava e apagava sua história –, estratégias de resistência foram criadas para preservar suas culturas, religiosidades, manter sua vida, integrá-la socialmente.

Sabemos que os movimentos negros existem desde a chegada dos primeiros escravizados no Brasil Colônia, e se organizaram das mais diversas formas. Foram inúmeras as revoltas suprimidas pela história, como a dos Malês, a da Chibata, a Revolução Pernambucana, entre outras, assim como os quilombos formados: Palmares, Jacobina, Cabula etc. (Pereira, 2015). Um terceiro tipo de ação igualmente caracterizada como parte dos movimentos negros da época foram as *irmandades*.

Elas surgem no seio da Igreja Católica entre os séculos XVII e XVIII, em uma tentativa de catequização religiosa e cultural, após reivindicações da população negra por não poder professar sua fé em igrejas frequentadas por pessoas brancas. Ainda que em última instância estivessem sob domínio da Igreja, no dia a dia, homens negros e mulheres negras geriam as irmandades de forma autônoma. Estas entidades se caracterizam por sua minuciosa organização, incluindo estatuto com nome dos membros em seus devidos cargos e divisão das tarefas, bem como gestão das quantias arrecadadas por doações e taxas recolhidas por parte dos membros. Cabe aqui tratar estes montantes angariados como os primeiros fundos solidários geridos por pessoas negras no Brasil, dado que:

> Os fundos solidários são formados por meio de arrecadações ou doações voluntárias de pessoas do grupo ou de fora dele, que constituem uma "poupança", que é gerida coletivamente, e que, através de empréstimos, garantem a aquisição de bens ou serviços àqueles que pertencem ao coletivo. Os recursos podem ser diversos e dialogam com as necessidades e realidade de cada local, assim, o recurso de um fundo solidário pode ser dinheiro, sementes, animais, terra, serviços, equipamentos, etc (Jahn, 2017, p. 11).

Outras consideráveis características das irmandades são: o reconhecimento por uma importante organização da época, como a Igreja Católica; o apreço de algumas dessas entidades pela igualdade de gênero na ocupação dos cargos; o fato de que, mediante o cumprimento de algumas obrigações religiosas e éticas, individuais e coletivas, as pessoas associadas às irmandades poderiam gozar de direitos como assistência médica e jurídica, proteção contra maus-tratos, enterro digno aos membros e familiares. As irmandades também se comprometiam a comprar a carta de alforria de algumas pessoas, ajudar os mais necessitados e fornecer socorro financeiro com suporte dos fundos solidários que possuíam. Além disso, ergueram inúmeras igrejas em homenagem a santos negros por todo o Brasil, como São Benedito, Santa Ifigênia ou Nossa Sra. do Rosário, por meio destes financiamentos coletivos.

Dentre as mais famosas estão a Irmandade de Nossa Sra. do Rosário dos Homens Pretos, da Freguesia de Santo Antônio do Cabo; a Irmandade de Santo Elesbão e Santa Ifigênia; a Irmandade de Nossa Sra. do Rosário da Vila de Goiânia; a Irmandade de Nossa Sra. do Rosário de São Paulo e a Irmandade dos Homens Pretos de Salvador, fundada em 1695 e em atividade até os dias atuais.

Sobre a importância destes espaços, Cardoso (2019) aponta que:

> [...] as Irmandades Católicas Negras, no Brasil, desempenharam o papel de mediadoras com o modelo dominante, posto que, por um lado, serviam de proteção aos que frequentavam "para receber "informações" religiosas" e, por outro lado, eram usadas "como um subterrâneo através do qual eles mantiveram os benefícios e práticas da herança africana" (Gonzalez 1988d, 213, tradução nossa). Eram espaços para socialização, vivências de experiências, organização de planos, fortalecimento da humanidade atacada diariamente. Dessa maneira, defende Lélia Gonzalez, mulheres e homens negros formaram a estrutura de sua religião africana no Brasil (Cardoso, 2019, p 45).

Segundo Luz (2013), estas entidades, por terem dinâmicas associativas, eram *formativas*, uma vez que ali circulavam valores e saberes religiosos, pela africanização de elementos católicos; políticos, presentes no fazer organizativo da associação; emancipatórios, pelo fato de seus membros se reconhecerem humanos; e saberes econômicos, na gestão de seus fundos solidários.

No século XIX, ainda em meio a uma gama de dificuldades, mas compreendendo a importância da educação para o reconhecimento de humanidade, o entendimento e acesso a direitos bem como para uma possível mobilidade social, surgem as primeiras escolas criadas por e para negros e pardos no Brasil: o Colégio Pretextato, no Rio de Janeiro, o Colégio Perseverança e o Colégio São Benedito, em Campinas e São Paulo respectivamente.

A existência de elementos formativos dentro das irmandades e o surgimento das primeiras escolas nos levam a compreender que a educação, a construção e o compartilhamento de saberes sempre estiveram em pauta desde o surgimento das primeiras organizações dos movimentos negros brasileiros.

FIM DO COLONIALISMO, PERMANÊNCIA DA COLONIALIDADE E MOVIMENTOS NEGROS PÓS-COLONIAIS

Devido às mudanças político-sociais que ocorreram a partir do século XX, período que sucede o fim do colonialismo, o modo de funcionamento dos fundos solidários – atrelados à Igreja Católica e preconizando a compra de alforria bem como a assistência jurídica, médica e financeira, entre outras funções – também se modifica. Trataremos agora do segundo momento dos fundos solidários, que emerge de necessidades como a luta por direitos básicos e pelo reconhecimento da humanidade de pessoas negras. É ainda importante destacar que os fundos solidários têm relevância crucial para o período que segue, na resistência aos efeitos nocivos da colonialidade sobre as populações negras.

Ao contrário do colonialismo, findo em 1822 com a Independência do Brasil Colônia e a consequente fundação do Estado-Nação brasileiro, a colonialidade perdura até os dias atuais, visto que não houve uma ruptura com antigas estruturas, tanto econômica quanto culturalmente (Assis, 2014). A colonialidade omite ou apaga de todos os espaços educativos e meios de propagação de informação as contribuições dos povos negros e indígenas à constituição de nossa sociedade. Além disso, promove a criação de estereótipos para dominar estas pessoas (Collins, 2016), bem como a elaboração de identidades negativas associadas a elas. Assim, a colonialidade continua presente em todas as esferas de nosso cotidiano, escorando novas formas de exploração do trabalho de pessoas negras.

A modernização da economia e do sistema de produção nacional se sustenta até hoje em políticas racistas de desvalorização econômica e simbólica da mão de obra de pessoas negras, inferiorização e submissão desta parcela da população e falta de ações afirmativas, tendo como suporte para isso o *mito da democracia racial*. Faz-se essencial aqui compreender o conceito, que, segundo Lima (2017, p. 359), retomando o pensamento de Florestan Fernandes (2008):

> [...] é uma distorção criada desde o sistema colonial diante da inclusão de mestiços nas famílias brancas, fazendo com que a miscigenação aparecesse como

> elemento de mobilidade social dos negros e omitindo o fato de que a miscigenação era construtora da estratificação social, oferecendo ao mestiço um lugar determinado social e economicamente pelo mundo dos brancos. O que a miscigenação proporcionou não foi a ascensão social dos negros, mas o fortalecimento da dominação racial, na medida em que trouxe o negro para a adaptação ao horizonte cultural hegemônico, ainda que nos limites da concentração racial da renda, do prestígio social e do poder.

Residente de favelas e cortiços, lançada às margens da sociedade, a população negra foi relegada ao genocídio e ao cárcere. Sem acesso ao mercado de trabalho, aos meios de produção e à educação para qualificar sua mão de obra, a única saída possível para essa população resistir e manter sua existência é encontrada nas relações solidárias.

Devemos recordar que nas primeiras décadas após a abolição foi criada a "Lei da Vadiagem", como nova forma de controle da população negra. A lei, em seus artigos, instava a prisão de pessoas "vadias" – desocupadas, desempregadas, que vagavam pelas ruas – e dos praticantes de capoeira. Isto evidenciava um caráter fictício da liberdade anunciada pela Lei Áurea em 1888. Cultos e religiões de matriz afro-brasileira foram igualmente perseguidos.

Neste novo contexto pós-abolicionista, surgem as mais variadas associações do movimento negro: desportivas, de lazer, solidárias, culturais, educacionais. A partir dos anos 1930, conforme o levantamento feito por Lélia Gonzalez (2018), no texto O *Movimento Negro na última década,* emergem: a Frente Negra Brasileira (FNB); o jornal da imprensa negra *Clarim da Alvorada*; o Teatro Experimental do Negro (TEN), de Abdias Nascimento; o Quilombhoje, que publicava os *Cadernos Negros*; o Centro de Estudos Afro-Asiáticos; a Sociedade de Estudos da Cultura Negra no Brasil, entre outras organizações. Todas elas, de alguma forma, tiveram como prioridade em suas agendas a luta pelo acesso à educação, que possibilitaria à população negra uma emancipação social, política e subjetiva, alterando modelos de animalização e hipersexualização aos quais negros e negras eram submetidos.

O acesso de pessoas negras ao ensino escolar proporcionaria melhores condições de acesso ao mundo do trabalho, a construção de uma identidade negra afirmativa, criando outras imagens e concepções sobre si, uma maior participação e representatividade política[1].

O PAPEL DO MOVIMENTO NEGRO NA EDUCAÇÃO

Conhecimento é o conjunto de saberes produzidos por seres humanos que nos permitem compreender a realidade. Estes saberes podem ser compartilhados de maneira informal ou formalizada, como ocorre em instituições de

1. Até 1985, no período de redemocratização do país, votar era permitido apenas às pessoas alfabetizadas. Com esta lei, segundo Instituto Brasileiro de Geografia e Estatística (IBGE), cerca de 25% da população da época era excluída deste importante processo democrático, sendo a esmagadora maioria composta por pessoas negras. Ainda hoje a população negra é sub-representada nos espaços políticos formais. Dados disponíveis em: https://bit.ly/3A1vsmn.

ensino. Desde o surgimento dos primeiros espaços formais de educação, ainda no Brasil Colônia, até os dias atuais, a *colonialidade do saber* se faz presente hierarquizando conhecimentos e anulando aqueles que não foram concebidos pela população europeia. Os saberes produzidos por povos indígenas e negros nunca foram presentes nas instituições formais de ensino. Suas produções não são consideradas científicas pela história oficial, mas lembradas apenas em episódios pontuais através de estereótipos que imputam a essas pessoas uma identidade inferiorizada, tal qual os saberes que produzem. A esse respeito, Lélia Gonzalez atesta que:

> [...] os discursos pedagógicos internalizados por nossas crianças afirmam que a história do nosso povo é um modelo de soluções pacíficas para todas as tensões e conflitos que nela tenham surgido. Por aí pode-se imaginar o tipo de estereótipos difundidos a respeito do negro: passividade, infantilidade, incapacidade intelectual, aceitação tranquila da escravidão etc. [...] Assim como a história do povo brasileiro foi outra, o mesmo acontece com o povo negro, especialmente. Ele sempre buscou formas de resistência contra a situação sub-humana em que foi lançado (Gonzalez, 1982, p. 90).

Da Educação Infantil ao Ensino Superior, essas pessoas não são valorizadas nas narrativas hegemônicas; suas culturas e produções são dadas como inexistentes. A intelectual negra Nilma Lino Gomes (2011) denomina essa supressão de produções negras como *pedagogia das ausências*.

> Nesse sentido, o campo da teoria educacional também lida com dificuldade e, por vezes, impede a entrada de outras lógicas e racionalidades, geralmente aquelas oriundas dos movimentos sociais. No caso do movimento negro, poderíamos dizer que os saberes por ele produzidos também vivem um processo de não existência, já que não cabem na totalidade e no tempo linear da razão metonímica que tem sido hegemônica no campo teórico-educacional. Sendo assim, o que essa realidade indica é que, nesse campo, também se faz necessária uma pedagogia das ausências que desvele que há uma realidade, saberes e lógicas ativamente produzidos pelos movimentos sociais, pela comunidade negra e pelo movimento negro (Gomes, 2011, p. 146).

Mesmo diante de situações adversas, a população negra resistiu à dominação psicológica. Além de garantir a salvaguarda de conhecimentos por ela elaborados – seja através de uma oralidade orgânica presente em famílias negras, seja através do movimento negro em suas diversas frentes (cultural, política, artística, educacional –, continuou produzindo saberes informalmente e de maneira ininterrupta.

Em seu livro *O movimento negro educador* (2017), Nilma Lino Gomes disserta sobre o caráter educador do movimento negro. De acordo com a autora, trata-se de um ator político que educa seus membros, a escola, a sociedade e o Estado ao elaborar outra possibilidade de entendimento do real, pois "constrói, sistematiza, articula saberes emancipatórios produzidos pela população negra ao longo da história social, política, cultural e educacional brasileira" (Gomes, 2017, p. 24). Nesse sentido, o movimento negro produz três tipos de saberes:

a) os saberes identitários – que dão visibilidade à questão racial e à identidade negra, de forma afirmativa, no campo do conhecimento; [...] inserindo o recorte raça/cor como uma categoria de análise importante para compreender a realidade [...] têm conseguido expandir a politização da raça e identidade negra;

b) os saberes políticos – as pesquisas e políticas educacionais, os indicadores de avaliação escolar, o campo da antropologia, da sociologia, da história e da saúde começam a dar um outro destaque à questão racial. O campo do direito começa a ser pressionado para dar respostas que contemplem a justiça social e a diversidade. O debate político sobre raça é recolocado no Brasil em outros moldes [...] passa a ocupar um outro lugar político no campo de produção do conhecimento [...] várias universidades passam a realizar as cotas [...];

c) os saberes estético-corpóreos – são aqueles ligados às questões da corporeidade e da estética negras [...] o corpo negro vive um momento de superação da visão exótica e erótica [...] há uma politização da estética negra diferente daquela do final dos anos 70 [...] A partir do advento das ações afirmativas, configurou-se um outro perfil de juventude negra que se afirma por meio da estética e da ocupação de lugares acadêmicos e sociais. Juventude essa, em sua maioria periférica, que aprendeu a ter orgulho de ser negro e da periferia, numa postura afirmativa e realista. [...] Os saberes estético-corpóreos fazem parte de uma série de lutas e ensinamentos das mulheres negras [...] a

> articulação de mulheres negras e a realização da Marcha das Mulheres 2015 trouxeram como afirmação da pauta do bem-viver a não aceitação de serem vistas como objetos de consumo [...] (Gomes, 2017, p. 69-77).

Dentro do Movimento Negro é necessário destacar a brilhante contribuição do pensamento de mulheres na produção científica, com um olhar único a partir de vivências marcadas por opressões de raça, gênero e classe que se interseccionam. Destas vivências únicas, então, formam-se subjetividades questionadoras em mulheres que colocam em xeque teorias educacionais consolidadas e apontam para formulações que se organizam em torno do que chamamos aqui de pedagogia feminista negra.

FUNDOS SOLIDÁRIOS NEGROS EDUCADORES

Considerando que os movimentos negros são formados por pessoas negras, cuja força de trabalho é reservada à maior parcela do mercado informal, aos cargos de menor remuneração, aos subempregos e à maior taxa de desemprego, podemos nos questionar sobre como essas organizações são financiadas e por quem.

Diferentemente de organizações políticas (partidárias ou não) e sociais formadas por pessoas brancas, os movimentos negros não recebem investimentos de grandes corporações ou empresários nem incentivo governamental. Os próprios movimentos, a fim de suprirem necessidades materiais que viabilizem suas atividades, se autofinanciam. Dentro desta lógica surgem, ainda no século XVII, os primeiros fundos solidários, criados pelas irmandades e na autogestão dos quilombos, como relatado no início deste capítulo.

Atualmente os fundos solidários são criados entre pessoas negras para financiar suas lutas, como também para fomentar projetos e empreendimentos de suas comunidades. Relações de solidariedade entre pessoas negras são, além de históricas, ancestrais. A filosofia Ubuntu, dos povos bantus (que não têm origem histórica precisa, mas há indícios de que tenham surgido ainda no Egito Antigo), está presente na ética que permeia os fundos solidários, pois prega a coletividade, a generosidade, o espírito da comunidade, no qual um membro zela pelo bem-estar de todas as outras pessoas do grupo, alcançando, numa relação interdependente, seu próprio bem-estar. A palavra Ubuntu tem como significado etimológico "sou porque somos"; portanto, o ser humano só é, se é com os outros e com o espaço.

Desta maneira, os fundos solidários subvertem a lógica financeira capitalista, pautada pelo lucro em todas as suas relações. Eles não somente proporcionam o acesso ao crédito para financiamento de ações, como também são um instrumento pedagógico para as pessoas que os compõem, permitindo uma série de aprendizados emancipatórios. Tais saberes, por sua vez, fazem surgir novas lógicas, condutas e modelos de relações sociais pautados por valores como solidariedade, cooperação, empatia, coletividade, entre outros. De acordo com Paul Singer, grande pensador da economia solidária no Brasil,

> [...] fica claro que a prática da Economia Solidária exige que as pessoas que foram formadas no capitalismo sejam

> reeducadas. Essa reeducação tem de ser coletiva, pois ela deve ser de todos os que efetuam em conjunto a transição, do modo competitivo ao cooperativo de produção e distribuição [...] A Economia Solidária é produzida tanto por convicção intelectual como por afeto pelo próximo, com o qual se coopera [...]. A Economia Solidária é um ato pedagógico em si mesmo, na medida em que propõe nova prática social e um entendimento novo dessa prática. A Economia Solidária é um passo decisivo "para além" desse aprendizado pela vivência, pois ela propõe a solidariedade não só como imposição da necessidade, mas como opção consciente por outro modo de produção. Essa talvez seja a conclusão principal do acima exposto. A experiência de vida dos inferiorizados lhes ensina a prática da solidariedade como resposta à necessidade, em situações de perigo ou de extrema carência (Singer, 2005, p. 16-20).

É importante mencionar que, além de novas práticas solidárias que substituem as capitalistas meritocráticas – estas inclusive dominam e pautam o currículo e o cotidiano da educação formal –, nos espaços onde ocorrem os fundos solidários podem ser apreendidos inúmeros saberes técnicos, como: contabilidade, matemática, publicidade, manipulação de mídias sociais, design, comunicação, estratégias de captação de recursos, poupança e investimento, metodologias de gestão de negócios, entre outros. Essa perspectiva de formação, que ultrapassa elementos técnicos e se articula com as necessidades de empoderamento coletivo, a partir de um horizonte de resistência às opressões, pode ser encontrada nas formulações teóricas de mulheres negras feministas. Assim, indico que há nos movimentos negros a marca da teoria crítica educacional de base feminista negra e que denominamos de pedagogia feminista negra.

EXEMPLO DE FUNDOS NEGROS DA ATUALIDADE

O advento da pandemia de Covid-19 provocou milhares de mortes e justificou uma suposta crise financeira do capital, gerando desemprego e aprofundando desigualdades sociais. Esse cenário, na medida em que prejudicou principalmente a população negra e indígena, fez aumentar o número de bilionários do país.

Com o intuito de amenizar os efeitos da negligência e do descaso do poder público com essa imensa parcela da população, o movimento negro, como de praxe, se auto-organizou e buscou saídas para suprir necessidades materiais das pessoas afetadas pela crise. Um rápido mapeamento mostra-nos que inúmeros novos fundos foram criados, entre eles: o Éditodos (São Paulo, Belo Horizonte, Distrito Federal e Salvador); o Fundo de Doação Emergencial Covid-19 da Uneafro (São Paulo); o Pretas de Frente (Rio de Janeiro); e o Fundo Agbara (Campinas/SP). Essas iniciativas buscam tratar, de diferentes maneiras, problemas que concernem à população negra brasileira, como acesso à educação, empregabilidade e inclusão produtiva, superação da insegurança alimentar e da fome.

Historicamente e cada vez mais, o movimento negro alinha-se com a ideia de educação emancipadora e desenvolve projetos nesta perspectiva, considerando no planejamento das suas ações não só as especificidades do povo negro no Brasil, mas também os estudos e conceitos das teorias feministas negras, tais como autodefinição e autoavaliação (Hill Collins, 2016). Desse modo, a produção intelectual de mulheres negras que aponta para a formulação da pedagogia feminista negra indica, de maneira singular e criativa, saídas concretas para a superação das desigualdades, transformação social e produção de novas possibilidades de existência.

Aline Odara (Aline Telles Coelho) é cientista social, pedagoga e mestranda em Educação pela Universidade Estadual de Campinas (Unicamp), pesquisadora das relações étnico-raciais, professora, pagodeira, cozinheira, ativista e idealizadora do Fundo Agbara – o primeiro fundo de mulheres negras do Brasil; uma organização que potencializa iniciativas de mulheres negras de todo o país. Acredita na força do aquilombamento como ferramenta central para a transformação social.

Contato: alineodara@fundoagbara.org.br

REFERÊNCIAS

ASSIS, Wendell Fischer Teixeira. Do colonialismo à colonialidade: expropriação territorial na periferia do capitalismo. *Caderno CRH*, Salvador, v. 27, n. 72, p. 613-627, 2014.

CARDOSO, Cláudia Pons. Amefricanidade: proposta feminista negra de organização política e transformação social. *LASA Forum*, Pittsburgh, v. 50, n. 3, p. 44-49, 2019.

COLLINS, Patricia Hill. Aprendendo com a outsider within: a significação sociológica do pensamento feminista negro. *Revista Sociedade e Estado*, Brasília, v. 31, n. 1, p. 99-127, 2016.

FERNANDES, F. *A integração do negro na sociedade de classes*: ensaio de interpretação sociológica. 5. ed. São Paulo: Globo, 2008. v. 1.

GOMES, Nilma Lino. O movimento negro no Brasil: ausências, emergências e a produção dos saberes doi. *Política & Sociedade*, [*S. l.*], v. 10, n. 18, p. 133-154, 2011.

GOMES, Nilma Lino. *O movimento negro educador*. Petrópolis: Vozes, 2017.

GONZALEZ, Lélia. O movimento negro na última década. *In*: GONZALEZ, Lélia; HASENBALG, Carlos. *Lugar de negro*. Rio de Janeiro: Marco Zero, 1982. p. 9-66.

GONZALEZ, Lélia. *Primavera para as rosas negras*. São Paulo: UCPA, 2018.

GONZALEZ, Lélia. Racismo e sexismo na cultura brasileira. *Ciências Sociais Hoje*: Anpocs, São Paulo, p. 223-243, 1984.

HOOKS, bell. *From margin to center*. Boston: South End, 1984.

JAHN, Elisiane de Fátima. *Fundos solidários*: passo a passo para a constituição de fundos comunitários. Porto Alegre: Centro de Assessoria Multiprofissional, 2017.

LIMA, Kátia Regina de Souza. Desafios éticos e políticos da luta de classes e o mito da democracia racial em Florestan Fernandes. *Katálysis*, Florianópolis, v. 20, n. 3, p. 353-362, 2017.

LUZ, Itacir Marques da. Sobre o caráter educativo das irmandades negras no Brasil Oitocentista. *In*: SIMPÓSIO NACIONAL DE HISTÓRIA, 27., 2013, Natal. *Anais* [...]. Natal: Anpuh, 2013. p. 1-15.

PEREIRA, Neuton Damásio. *A trajetória histórica dos negros brasileiros*: da escravidão a aplicação da Lei 10.639 no espaço escolar. 2015. 109 f. Monografia (Especialização) – Curso de Especialização em Educação das Relações Étnico-Raciais, Núcleo de Estudos Afro-Brasileiros, Universidade Federal do Paraná, Curitiba, 2015.

QUIJANO, Aníbal. Colonialidade do poder e classificação social. *In*: SANTOS, Boaventura de Souza; MENESES, Maria Paula (org.). *Epistemologias do Sul*. Coimbra: Edições Almedina, 2009. p. 73-118.

SINGER, Paul. A economia solidária como ato pedagógico. *In*: KRUPPA, Sonia M. Portella (org.). *Economia solidária e educação de jovens e de adultos*. Brasília: Inep/MEC, 2005. p. 15-20.

A PRÁXIS POLÍTICO-PEDAGÓGICA DO MOVIMENTO DE TRAVESTIS E MULHERES TRANSEXUAIS NO BRASIL

Maria Clara Araújo dos Passos

O primeiro encontro que tive com uma perspectiva que compreendesse os movimentos sociais como construtores de saberes insurgentes e de práticas pedagógicas transformadoras se deu ainda no início da graduação em Pedagogia, na Universidade Federal de Pernambuco (UFPE). Em sua matriz curricular, o curso de Pedagogia da UFPE oferece a disciplina obrigatória chamada Movimentos Sociais e Práticas Pedagógicas. A disciplina tem como base uma compreensão desenvolvida por diferentes autoras/es, entre elas/es Nilma Lino Gomes (2017) e Miguel Arroyo (2014). Para além dos saberes que estão nos currículos oficiais, outras pedagogias e suas práticas educativas estão sendo gestadas nos mais diversos territórios que compõem a América Latina.

Esse ponto de vista, em profundo diálogo com as perspectivas insurgentes latino-americanas, entre outras nuances epistemológicas, refere-se ao que Catherine Walsh pontua como "[...] *la agencia no solamente social sino política y epistémica de los movimentos sociales*"[1] (Walsh, 2011, p. 247). Para ela, ao discutirmos sobre os movimentos é comum apenas frisarmos certa capacidade de atuar socialmente, dando ênfase ao modo como os movimentos interferem nas dinâmicas societárias, mas deixando de lado como também estão há décadas em disputa por outros projetos políticos e marcos teórico-práticos.

Para além de suas ações nos territórios onde estão inseridos, os movimentos sociais na América Latina também disputam as políticas públicas e tensionam os cânones hegemônicos legitimados pela colonialidade do saber, incrustada em nossos currículos escolares e universitários (Passos, 2019).

No que tange à produção acadêmica, áreas como a sociologia e a educação possuem um vasto acervo sobre os movimentos sociais. Como exemplo, muitos foram e continuam sendo os trabalhos em torno da ditadura civil-militar no Brasil. É possível encontrar um número expressivo de estudos que discorrem sobre a emergência dos movimentos sociais entre 1964 e 1985. No entanto, poucos abordaram até o momento a agência sociopolítica das travestis no Brasil e o modo como essas atrizes também estavam articulando ações coletivas perante a ditadura civil-militar. A título de exemplo, destacamos aqui os artigos de Ana Flor Fernandes Rodrigues (2019) e de Helena Vieira e Yuri Fraccaroli (2018) sobre a

1. "[...] a agência não somente social, senão política e epistêmica dos movimentos sociais" (tradução minha).

perseguição sistemática perpetrada pelo Estado autoritário contra as corporalidades travestis.

A despeito da subteorização, trabalhos que abordam as contribuições sociopolíticas das travestis e mulheres transexuais no Brasil estão se multiplicando ao passo que a população adentra o Ensino Superior brasileiro e expõe a ainda existente ciscolonialidade do saber (Vergueiro, 2015).

Contudo, muitas vezes, deixando de visibilizar os esforços coletivos das travestis e mulheres transexuais brasileiras, em tensionar as imagens de controle (Bueno, 2020; Collins, 2019) que lhes aprisionam, algumas descrições feitas por pesquisadoras/es cisgêneras/os ocultaram a agência sociopolítica dessas atrizes, logo, o fato de que estão há quase 30 anos gestando um projeto alternativo de democracia (Alvarez; Dagnino; Escobar, 2000) para o Brasil e toda a América Latina.

Por isso, em diálogo com as perspectivas decoloniais, é possível afirmar que quem busca aliançar o passado com o presente realiza "escavações epistemológicas" (Miranda, 2020, p. 113), afinal, se posiciona desde um lugar epistêmico interessado em visibilizar as insurgências latino-americanas ao longo da história.

Partindo do pressuposto de que a práxis dos movimentos sociais possibilita intervenções político-pedagógicas (Libâneo, 2010; Freire, 1981), neste breve capítulo, compreendemos que as intervenções do movimento de travestis e mulheres transexuais no Brasil causou transformações no interior do próprio movimento e na cultura política. Portanto, em completa conexão com a premissa feminista negra apresentada por bell hooks (2013; 2019a), é preciso construir uma reflexão-ação-reflexão político-pedagógica que atue da margem ao centro.

UM BREVE HISTÓRICO DO MOVIMENTO DE TRAVESTIS E MULHERES TRANSEXUAIS NO BRASIL

Figura 1 – Fundadoras do Movimento Político Social de Travestis e Mulheres Transexuais no Brasil

Fonte: Fórum Nacional de Travestis e Transexuais Negros: como nasceu o movimento de travestis no Brasil[2].

A Associação de Travestis e Liberados (Astral) do Rio de Janeiro foi oficializada juridicamente em 15 de maio de 1992. Buscando homenagear e fazer com que essa memória permaneça viva, celebramos anualmente, também em 15 de maio, o Dia Nacional do Orgulho de Ser Travesti e Transexual. Diante do momento atual, em que a população de travestis e mulheres transexuais vem sendo atacada por uma institucionalização da transfobia como agenda de governo, o dia 15 de maio

2. Disponível em: https://bit.ly/3meci7W. Acesso em: 15 dez. 2020.

representa um marco político impulsionador do amanhã quando passamos a enxergar o caminho percorrido até a contemporaneidade. Trata-se de olhar para o passado buscando dar "sentido às lutas do presente" (Gohn, 2011, p. 336).

Diante das contínuas prisões arbitrárias ocorridas na capital fluminense e da ineficácia das políticas públicas de prevenção quando a AIDS acometia diversas travestis, Jovanna Baby, Elza Lobão, Josy Silva, Beatriz Senegal, Monique do Bavieur e Claudia Pierry France, seis travestis negras, se posicionaram desde a América Latina – um território que gesta resistências e reexistências (Ribeiro, 2017; Bernardino-Costa, 2015): elas fundam o Movimento Político Social de Travestis e Mulheres Transexuais no Brasil.

Thiago Coacci (2018) propôs sistematizar a história do movimento em três ondas: 1990, 2000 e 2010. Ainda que críticas, sobretudo pós-estruturalistas, possam ser feitas sobre noções lineares, advogo que essa sistematização pode facilitar nossas escavações epistemológicas em torno da história do movimento.

Assim, no que tange à primeira onda, vivida durante os anos 1990, cabe mencionar que a Constituição Cidadã não foi suficiente para garantir o reconhecimento da dignidade humana das travestis em todas as regiões do país. Como já ressaltado, a ditadura civil-militar e seu "modelo de vida e de corpo" (Rodrigues, 2019, p. 199) foram responsáveis por perseguir sistematicamente travestis em diversos territórios, sobretudo em grandes capitais e centros urbanos.

Essas violências permaneceram no Brasil redemocratizado, o que se exemplifica na ordem do então prefeito do Rio de Janeiro, Marcello Alencar (1989-1993), de que todas as travestis em um raio de 12 km fossem detidas pela Guarda Municipal[3]. Isso nos mostra que o autoritarismo social deve ser compreendido para além de uma concepção cristalizada como um regime de governo, mas sim como "um ordenamento social presidido pela organização hierárquica e desigual do conjunto das relações sociais" (Dagnino, 2004, p. 104).

A primeira onda, marcada pelo "binômio violência policial/AIDS" (Carvalho; Carrara, 2013, p. 325), apresentou para os campos progressistas no Brasil o surgimento de sujeitas sociopolíticas indispensáveis para a construção democrática na América Latina (Dagnino; Oliveira; Panchifi, 2006), ainda que por vezes esse fato seja intencionalmente ocultado.

Tensionamentos foram vividos, e o até então movimento homossexual brasileiro (Facchini, 2003) manteve seu comportamento problemático de não reconhecer as travestis enquanto portadoras de "interesses válidos, valores pertinentes e demandas legítimas" (Telles, 2004, p. 91-92).

De forma alguma isso impediu a organização social e política das travestis em torno de uma agenda nacional em comum, o que marcou a segunda onda. Uma vez consolidadas certas expertises políticas, contando com teias (Alvarez; Dagnino; Escobar, 2000) em grande parte do território nacional e em um período marcado pela vitória do presidente Luiz Inácio Lula da Silva, na década de 2000, as travestis e as emergentes mulheres transexuais se sentaram à mesa visando elaborar projetos com o Estado.

---

3. Disponível em: https://bit.ly/3meci7W. Acesso em: 15 dez. 2020.

Figura 2 – Fernanda Benvenutty, presidente
Luiz Inácio Lula da Silva e primeira-dama Marisa Silva
na I Conferência Nacional LGBT, em 2008

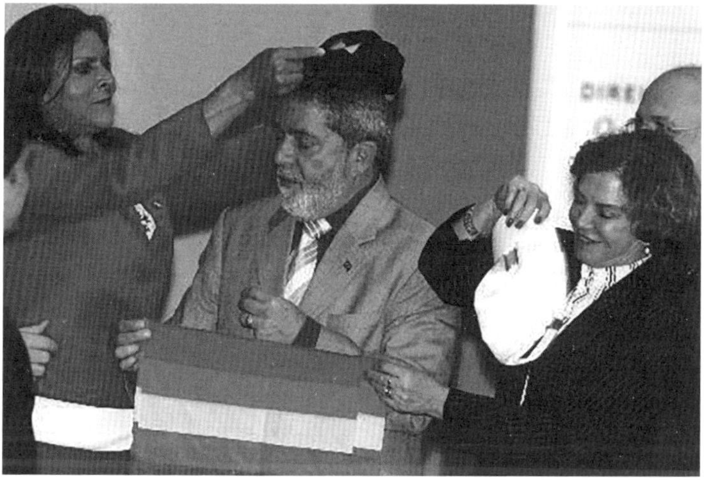

Fonte: Reprodução/Arquivo.

Thiago Coacci (2018) aponta em sua tese que os interesses do movimento se expandiram com a chegada do terceiro milênio, passando a refletir sobre novas questões, entre elas o processo de escolarização. Em 2010 o movimento apresentou a campanha "Educação sem Preconceitos: a Travesti na Escola", construída pelas sujeitas em diálogo com o Ministério da Saúde.

Outrora produzidas como inexistentes nos ambientes educacionais, as travestis e transexuais brasileiras passam a elaborar uma perspectiva crítica educacional fortemente interessada em disputar os princípios político-pedagógicos que sustentam a Educação Básica e Superior no país.

Figura 3 – Campanha "Educação sem Preconceitos: a Travesti na Escola"[4]

Coincidência ou não, o que vemos após o lançamento dessa campanha é um aumento exponencial de travestis e mulheres transexuais adentrando as universidades federais e estaduais.

A terceira onda é também marcada pela disputa das narrativas acadêmicas sobre pessoas trans, especialmente levando em consideração que até então essas narrativas eram definidas pelas análises ambíguas de pesquisadoras/es cisgêneras/os. Se, por um lado, tais estudos apresentaram importantes contextualizações, por outro, lançaram estigmas e olhares excludentes (SALES, 2018).

A emergência das perspectivas transfeministas no Brasil, que se inscreve na terceira onda, apresentou estudos feministas produzidos por travestis e mulheres trans acadêmicas como Hailey Alves (2015), Jaqueline Gomes de Jesus

4. Disponível em: https://bit.ly/3med3Ok. Acesso em: 15 dez. 2020.

(2014a) e Viviane Vergueiro (2012), entre outras. Essas intelectuais têm se incumbido de tensionar uma certa autorização discursiva vigente.

Alinhando-se com Jota Mombaça (2017), o rompimento proposto pelos transfeminismos está relacionado com expor a não marcação ou a universalidade como parte de uma relação de poder. Essa inflexão decolonial, à luz de Viviane Vergueiro (2015), problematiza os epistemicídios vigentes. Sistematizando conceitos como o de cisgeneridade, as perspectivas transfeministas gestadas no Brasil, sobretudo aquelas em diálogo com os estudos decoloniais, estão nomeando o que se apresenta enquanto universal.

Assim como nos estudos críticos da branquitude, nos transfeminismos produzidos em universidades brasileiras e que agregam conhecimento aos repertórios do movimento de travestis e transexuais, a identidade precisa entrar em jogo quando estamos discutindo conhecimento e poder, algo muito bem apontado por Linda Alcoff:

> O projeto de decolonização epistemológica (e a mudança da geografia da razão) requer que prestemos atenção à identidade social não simplesmente para mostrar como o colonialismo tem, em alguns casos, criado identidades, mas também para mostrar como têm sido silenciadas e desautorizadas epistemicamente algumas formas de identidade enquanto outras têm sido fortalecidas. Assim, o projeto de decolonização epistemológica presume a importância epistêmica da identidade porque entende que experiências em diferentes localizações são distintas e que a localização importa para o conhecimento (Alcoff, 2016, p. 136).

Enquanto esse projeto de decolonização epistemológica está sendo articulado pelas sujeitas que imbricam ativismo e produção intelectual, os movimentos LGBT que estabeleceram diálogos com a institucionalidade política viveram na década de 2010 algumas tensões. Entre as maiores delas está o veto da presidente Dilma Rousseff ao Kit Escola Sem Homofobia, em 2011.

Em decorrência do veto e de uma consolidação do fundamentalismo religioso na Câmara dos Deputados e no Senado, o discurso falacioso em torno da chamada "ideologia de gênero" impôs perdas para as agendas educacionais construídas por gays, lésbicas, bissexuais, travestis e transexuais brasileiras/os, assim como para outros grupos. Partimos aqui da premissa anunciada por Nilma Lino Gomes (2018, p. 28), para quem o discurso em torno da "ideologia de gênero" e o Projeto Escola sem Partido representam uma "resistência colonial a um currículo decolonial".

Por outro lado, após momentos difíceis no contexto macropolítico brasileiro – visto o golpe político-institucional ocorrido em 2016 e a consequente chegada da extrema-direita à presidência do Brasil em 2018 –, o início de uma possível quarta onda é marcado pela vitória de Erica Malunguinho (SP), Erika Hilton (SP) e Robeyoncé Lima (PE) como deputada e codeputadas. Essas vitórias representaram para toda a população de travestis e transexuais, sobretudo para aquelas que estão organizadas há décadas, tendências de futuro que apresentam outras gramáticas políticas para o Brasil (Santos, 2010a).

Os diálogos estabelecidos com o Estado e as ambivalências vividas na segunda onda do movimento se tornaram alvo de críticas (Dumaresq, 2013), muitas delas apontando o quão frágeis foram os ganhos até então conquistados. Porém, em uma perspectiva pedagógica crítica, esses recuos e avanços também foram educativos, uma vez que mostram para o movimento e para toda a população de travestis e transexuais no Brasil que a política institucional deve ser disputada através de uma fala libertadora (hooks, 2019b) em primeira pessoa.

Figura 4 – Robeyoncé Lima, Erika Hilton e Erica Malunguinho: a presença de travestis e mulheres trans negras na institucionalidade política

Fonte: Célio (2019).

Defendemos aqui que a presença emergente de travestis e mulheres transexuais em Assembleias Legislativas representou para o movimento uma "transição de objeto para sujeito" (hooks, 2019b, p. 39). Afinal, tendo sido tratados como demasiadamente identitários pelas esquerdas hegemônicas, hoje os fundamentos político-epistemológicos apontados pelo movimento são traduzidos por deputadas travestis e mulheres transexuais em proposições legislativas, emendas políticas ou impositivas, audiências públicas, falas na tribuna, entre outras ações.

Os 28 anos do movimento de travestis e mulheres transexuais no Brasil, como apontado por Corrijo *et al.* (2019), de fato nos apresentam emaranhados. À vista disso, os desafios colocados para educadoras/es-pesquisadoras/es do campo da educação se concentram sobretudo em esmiuçar as ações e reflexões transformadoras realizadas pelo movimento em suas três ondas.

A PRÁXIS POLÍTICO-PEDAGÓGICA DO MOVIMENTO DE TRAVESTIS E MULHERES TRANSEXUAIS NO BRASIL

Miguel Arroyo (2014), em diálogo com autores como Boaventura de Souza Santos (2010b), em seu livro *Outros sujeitos, outras pedagogias* posiciona as pessoas que compõem os movimentos sociais latino-americanos como produtoras e construtoras de outras orientações pedagógicas. A perspectiva educacional defendida por Arroyo busca descortinar realidades educacionais marcadas pelos chamados "mecanismos sacrificiais" (2014, p. 55).

Logo, qualquer defesa pública em torno de uma neutralidade política, pedagógica ou epistêmica deve ser problematizada. Iniciativas como o Projeto Escola sem Partido buscam manter o silêncio como instrumento pelo qual as violências institucionais, inclusive as transfobias (Vergueiro, 2015), são mantidas.

Trabalhos pioneiros como o de Luma Andrade (2015) nos mostram como as travestis e transexuais brasileiras vivenciam diversas violências nas instituições escolares. Diante de uma evasão expressiva, que na verdade se trata de uma expulsão sistemática, é preciso lançar o questionamento: onde as travestis e mulheres transexuais brasileiras se reconheceram enquanto cidadãs quando expulsas das escolas?

Um ano após a criação da Associação de Travestis e Liberados (Astral), especificamente em agosto de 1993, foi realizado o 1º Encontro Estadual de Travestis do Rio de Janeiro. No entanto, além de participantes que residiam e se organizavam no próprio Rio de Janeiro, estados como São Paulo, Paraná, Minas Gerais e Espírito Santo também foram representados, segundo o o Fórum Nacional de Travestis e Transexuais Negros (Fonatrans)[5].

Perante essa adesão e também considerando a importância de um espaço público onde o movimento pudesse revisar e deliberar sobre os interesses coletivos das travestis organizadas, o 1º Encontro Estadual de Travestis do Rio de Janeiro passa a ser concebido pelo movimento como o 1º Encontro Nacional de Travestis e Liberados.

Durante a primeira onda do movimento de travestis e mulheres transexuais, sete encontros nacionais foram realizados (Coacci, 2018). Compreendemos essa primeira onda, e especialmente as experiências vividas durante os encontros da primeira década do movimento organizado, como um momento de conscientização coletiva e de construção de um projeto político.

Os encontros nacionais garantiram o autorreconhecimento das travestis como criticamente capazes de intervir na realidade vivida no Brasil. Eventos que articulam diferentes sujeitas/sujeitos, como os Encontros Nacionais de Travestis e

5. Disponível em: https://bit.ly/3meci7W. Acesso em 15 dez. 2020.

Transexuais, ou como os Seminários Nacionais de Lésbicas e Mulheres Bissexuais (Fernandes, 2018), se configuram como espaços públicos onde "políticas culturais são postas em prática e se modelam as identidades, demandas e necessidades subalternas" (Alvarez; Dagnino; Escobar, 2000, p. 42).

Figura 5 – Advogado aliado, Jovanna Baby, Indianare Siqueira e Kátia Tapety no IV Encontro Nacional de Travestis e Transexuais que Atuam na Prevenção da AIDS[6]

É nesse terreno democrático, de deliberação coletiva, que foi gestada a perspectiva educacional crítico-reflexiva das travestis e mulheres transexuais brasileiras organizadas em um movimento social – uma perspectiva fruto da

6. Disponível em: https://bit.ly/3meci7W. Acesso em 15 dez. 2020.

ação-reflexão transformadora realizada pelo movimento, mesmo em períodos de contradição ou de recuo de direitos.

De 2015 a 2020, a despeito dos conflitos nas agendas educacionais (Vianna; Bortolini, 2020), é sabido que a política de nome social em contextos educacionais foi adotada pelos governos estaduais e por diversas universidades brasileiras, entre elas a Pontifícia Universidade Católica de São Paulo (PUC-SP), a Universidade Estadual de Campinas (Unicamp) e a Universidade de São Paulo (USP).

Segundo o histórico construído pelo Fonatrans, desde a primeira onda existiram discussões sobre a política de nome social e o impacto positivo que ações como essa teriam na vida da população. Embora a escola seja apresentada convencionalmente como espaço de sociabilidade e de construção do sujeito crítico, no caso das travestis e mulheres transexuais brasileiras, essa narrativa não corresponde à realidade:

A transfobia na escola é um problema que foi vivido por todas as travestis entrevistadas, e é um dos fatores que contribuem para sua formação escolarizada, o que significa também dificuldade de acesso ao mercado de trabalho e marginalização, cuja cidadania é negada (Andrade, 2015, p. 313).

Levando em conta essa transfobia expressiva no cotidiano escolar e as experiências formativas vividas nos encontros nacionais, afirmamos a capacidade do movimento de travestis e mulheres transexuais no Brasil de desenvolver *comunidades pedagógicas* (termo cunhado por bell hooks) que compreendem a *práxis*, a indissociabilidade entre teoria e prática.

A leitura do conceito de práxis aqui empregada foi forjada por Paulo Freire, em diálogo com sujeitas e sujeitos dos movimentos sociais na América do Sul e suas ações coletivas. Uma vez que Freire sempre defendeu a posição de educador-educando, pensar em uma práxis político-pedagógica diz respeito às trajetórias políticas, mas também educativas, dos movimentos sociais latino-americanos em busca de suas libertações coletivas.

Esses saberes, compreendidos como insurgentes e oriundos da ação e reflexão dos movimentos sociais, influenciaram fortemente o pensamento e a ação de Paulo Freire. Em sua trajetória crítica, Freire contribuiu para movimentos ligados às lutas pela descolonização no continente africano, pela garantia da alfabetização, para movimentos campesinos e tantos outros.

As ações e reflexões realizadas pelo movimento de travestis e mulheres Transexuais, de 1992 a 2020, evidenciam como muitas dessas pessoas, uma vez organizadas, puderam se reconhecer como "sujeitos políticos e de políticas" (Arroyo, 2014, p. 15) através do trabalho pedagógico de conscientização realizado no movimento.

Portanto, são relações que imbricam o político e o pedagógico. Nos encontros, nas conferências nacionais (Aguião, 2018) ou mesmo em reuniões pequenas do dia a dia, questões como "O que é o Estado?" foram levantadas criticamente pelas atrizes. Esses momentos de formação político-pedagógica se configuraram como cruciais para que o movimento questionasse posteriormente as concepções hegemônicas de educação.

Assim, é constatável como a participação das travestis e mulheres transexuais no movimento foi crucial para o reconhecimento crítico de que, enquanto cidadãs, também deveriam ter o direito de encerrar o ciclo da Educação Básica e de adentrar o Ensino Superior. A participação em um movimento social foi decisiva para que uma consciência ingênua (Freire, 1981) fosse rompida.

Figura 6 – Orientações extraídas da campanha "Educação sem Preconceitos: a Travesti na Escola"[7]

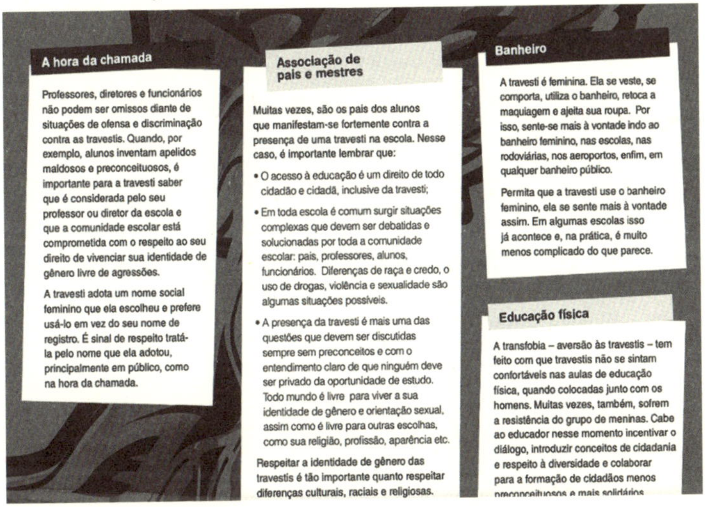

Nesse sentido, a desumanização expressa nas expulsões escolares ou no genocídio trans não é vista como um destino dado, como um fato natural da vida de travestis e mulheres trans, mas sim como uma violência sendo continuamente produzida. Também cabe mencionar como essa desumanização engloba diversas outras dimensões da vida em sociedade, expondo a persistente problemática no país que mais comete assassinatos contra pessoas trans (Garcia; Silva; Sanchez, 2020).

Uma vez conscientes das hierarquias de gênero, classe e raça, os movimentos sociais latino-americanos investem em ações e reflexões que propõem "desaprender para reaprender" (Miranda, 2013, p. 103). Os temas raça, gênero e sexualidade

7. Disponível em: https://bit.ly/3med3Ok. Acesso em: 15 dez. 2020.

são historicamente debatidos na esfera pública, o que põe em cena a agência epistêmica dos movimentos.

Figura 7 – Jovanna Baby e outras participantes no VII Encontro Nacional de Travestis e Transexuais[8]

Arquivo Grupo ASTRAL: 7º ENTLAIDS no Hotel Bahamares em Fortaleza-CE.

Uma vez que a práxis político-pedagógica dos movimentos sociais latino-americanos se propõe a reelaborar temas e questões que incidem objetivamente sobre a vida, como apontado por Nilma Lino Gomes, "muito do conhecimento emancipatório produzido pela sociologia, antropologia e educação no Brasil se deve ao papel educativo desempenhado por esses movimentos" (Gomes, 2017, p. 16).

Vitórias contemporâneas, como a decisão do Supremo Tribunal Federal para garantir a retificação do prenome e do sexo nos registros civis de travestis e transexuais, referem-se

8. Disponível em: https://bit.ly/3meci7W. Acesso em 15 dez. 2020.

a essa práxis político-pedagógica do movimento. Essas conquistas são responsáveis não só por reelaborar publicamente discussões sobre identidade de gênero no Brasil, mas também por afirmar uma cidadania crítico-reflexiva que aponta a legitimidade de seus interesses coletivos:

O processo de construção da cidadania enquanto afirmação e reconhecimento é, especialmente na sociedade brasileira, um processo de transformação das práticas sociais enraizadas na sociedade como um todo. Um processo de aprendizado social, de construção de novas formas de relação, que inclui de um lado, evidentemente, a constituição de cidadãos enquanto sujeitos sociais ativos, mas também, do outro lado, para a sociedade como um todo, um aprendizado de convivência com esses cidadãos emergentes que recusam permanecer nos lugares que foram definidos socialmente e culturalmente para eles (Dagnino, 2004 p. 109).

A partir dessa dupla prática, de transformação no interior do próprio movimento e para fora dele, travestis e mulheres transexuais organizadas têm construído uma nova realidade social para essa população no país, como anunciou o tema do VII Encontro Nacional de Travestis e Transexuais em 1999.

CONSIDERAÇÕES FINAIS

Nos limites do presente capítulo, introduzimos alguns apontamentos sobre a capacidade do movimento de travestis e mulheres transexuais no Brasil de intervir em termos políticos e pedagógicos em seu interior e na cultura política brasileira.

No que tange à própria constituição do movimento, os encontros nacionais foram apresentados como espaços públicos que viabilizaram processos formativos. Em diálogo com a pedagogia crítica, apontamos que o movimento realizou intervenções pedagógicas (Libâneo, 2010) através de uma comunidade que congregou travestis e mulheres transexuais de todo o país.

Desde 1992, quando foi fundado, o movimento vem condensando uma ação-reflexão transformadora, responsável por conscientizar quadros nacionais. Uma vez conscientes de suas capacidades e expertises, as travestis e mulheres transexuais brasileiras estão tensionando os marcos que desumanizaram suas existências e limitaram sua possibilidade de coexistir em outros espaços, como escolas e universidades.

Essa práxis político-pedagógica, ainda pouco estudada por educadoras/es-pesquisadoras/es, se estende na contemporaneidade para salas de aula e parlamentos. Pedagogias escritas, como a *Pedagogia da desobediência*, de Thiffany Odara (2020), evidenciam como a práxis político-pedagógica do movimento também vem apresentando outras possibilidades pedagógicas desde os *standpoints* (Collins, 2019) das travestis e mulheres transexuais brasileiras e que podem, portanto, se articular com a construção da pedagogia feminista negra como alternativa ao que se apresenta como hegêmonico no campo da educação.

Espero que mais trabalhos na área da educação se debrucem sobre a ação e reflexão transformadora do movimento de travestis e mulheres transexuais no Brasil. Para além de etnografias que mergulhem nos processos violentos vividos por essa população nas escolas e universidades, é preciso igualmente esmiuçar o que vem sendo gestado em suas próprias comunidades pedagógicas.

Maria Clara Araújo dos Passos é mestranda em Educação, na linha de Sociologia da Educação, no Programa de Pós-Graduação em Educação da Universidade de São Paulo (USP), formada em Pedagogia pela Pontifícia Universidade Católica de São Paulo (PUC-SP) e cursando Especialización y Curso Internacional en Estudios Afrolatinoamericanos y Caribeños pela Clacso/ Flacso. Possui o Certificado en Estudios Afrolatinoamericanos do Instituto de Investigaciones Afrolatinoamericanas de Harvard University. Integrante do Núcleo Inanna de Pesquisa e Investigação de Teorias de Gênero, Sexualidades e Diferenças (NIP), coordenado pela Profa. Dra. Carla Cristina Garcia (PUC-SP) e do Grupo de Estudos de Gênero, Educação e Cultura Sexual (EdGES), coordenado pelas Profas. Dras. Claudia Vianna (FE-USP) e Marilia Carvalho (FE-USP). Tem abordado temáticas como movimentos sociais latino-americanos, currículo e decolonialidade.

Contato: contatomariaclaraaraujo@gmail.com

REFERÊNCIAS

AGUIÃO, Silvia. *Fazer-se no "Estado"*: uma etnografia sobre o processo de constituição dos "LGBT" como sujeitos de direitos no Brasil contemporâneo. Rio de Janeiro: Eduerj, 2018.

ALCOFF, Linda Martín. Uma epistemologia para a próxima revolução. *Sociedade e Estado*, Brasília, v. 31, n. 1, p. 129-143, 2016.

ALVAREZ, Sonia E.; DAGNINO, Evelina; ESCOBAR, Arturo. Introdução: o cultural e o político nos movimentos sociais latino-americanos. *In*: ALVAREZ, Sonia. E.; DAGNINO, Evelina; ESCOBAR, Arturo. *Cultura e política nos movimentos sociais latino-americanos*: novas leituras. Belo Horizonte: Editora UFMG, 2000. p. 15-57.

ALVES, Hailey. *O que é transfeminismo*? Uma breve introdução. [*S. l.*]: [*s. n.*], 2015.

ANDRADE, Luma Nogueira de. *Travestis na escola*: assujeitamento e resistência à ordem. Rio de Janeiro: Metanoia, 2015.

ARROYO, Miguel G. *Outros sujeitos, outras pedagogias*. 2. ed. Petrópolis: Vozes, 2014.

BERNARDINO-COSTA, Joaze. Decolonialidade e interseccionalidade emancipadora: a organização política das trabalhadoras domésticas no Brasil. *Sociedade e Estado*, Brasília, v. 30, n. 1, p. 147-163, 2015.

BUENO, Winnie. *Imagens de controle*: um conceito do pensamento de Patricia Hill Collins. Porto Alegre: Zouk, 2020.

CARVALHO, Mario; CARRARA, Sérgio. Em direção a um futuro trans? Contribuição para a história do movimento de travestis e transexuais no Brasil. *Sexualidade, Salud y Sociedad*, Rio Janeiro, n. 14, p. 319-351, 2013.

CÉLIO, Amanda. Na política pelo direito de viver: primeiras deputadas trans do Brasil falam sobre seus mandatos. *AzMina*, 29 jan. 2019. Disponível em: https://bit.ly/3D8TKwR. Acesso em: 3 out. 2021.

COACCI, Thiago. *Conhecimento precário e conhecimento contra-público*: a coprodução dos conhecimentos e dos movimentos sociais de pessoas trans no Brasil. 2018. Tese (Doutorado em Ciência Política) – Universidade Federal de Minas Gerais, 2018.

COLLINS, Patricia Hill. *Pensamento feminista negro*: conhecimento, consciência e a política do empoderamento. São Paulo: Boitempo, 2019.

CORRIJO, Gilson Goulart *et al.* Movimentos emaranhados: travestis, movimentos sociais e práticas acadêmicas. *Estudo Feministas*, Florianópolis, v. 27, n. 2, p. 1-14, 2019.

DAGNINO, Evelina. Os movimentos sociais e a emergência de uma nova noção de cidadania. *In*: DAGNINO, Evelina (org.). *Os Anos 90*: política e sociedade. 4. ed. São Paulo: Brasiliense, 2004. p. 103-118.

DAGNINO, Evelina; OLIVEIRA, Alberto J; PANFICHI, Aldo. Para uma outra leitura da disputa pela construção democrática. *In*: DAGNINO, Evelina; OLIVEIRA, Alberto J.; PANFICHI, Aldo. *A disputa pela construção democrática na América Latina*. São Paulo: Paz e Terra; Campinas, SP: Unicamp, 2006. p. 13-75.

DUMARESQ, Leila. Transfeminismo: contradição na opressão. *Gênero*, Niterói, v. 14, n. 1, p. 28-43, 2013.

FACCHINI, Regina. Movimento homossexual no Brasil: recompondo um histórico. *Cadernos AEL*, Campinas, v. 10, n. 18/19, p. 1-45, 2003.

FERNANDES, Marisa. Ações lésbicas. *In*: GREEN, James N. *et al*. *História do movimento LGBT no Brasil*. São Paulo: Alameda, 2018. p. 91-120.

FREIRE, Paulo. *Pedagogia do oprimido*. Rio de Janeiro: Terra, 1981.

GARCIA, Carla Cristina; SILVA, Fabio Mariano da; SANCHEZ, Marcelo Hailer. Capitalismo e razão neoliberal: ódio colonial e extermínio de travestis e transexuais no Brasil. *Serviço Social & Sociedade*, São Paulo, n. 138, p. 321-341, 2020.

GOHN, Maria da Gloria. Movimentos sociais na contemporaneidade. *Revista Brasileira de Educação*, Rio de Janeiro, v. 16, n. 47, p. 333-361, 2011.

GOMES, Nilma Lino. O movimento negro e a intelectualidade negra descolonizando os currículos. *In*: BERNARDINO-COSTA, Joaze; MALDONADO-TORRES, Nelson, GROSFOGUEL, Ramón (org.). *Decolonialidade e pensamento afrodiaspórico*. Belo Horizonte: Autêntica, 2018. p. 223-247.

GOMES, Nilma Lino. *O movimento negro educador*: saberes construídos nas lutas por emancipação. Petrópolis, RJ: Vozes, 2017.

HOOKS, bell. *Ensinando a transgredir*: a educação como prática da liberdade. Tradução: Marcelo Brandão Cipolla. São Paulo: WMF Martins Fontes, 2013.

HOOKS, bell. *Erguer a voz*: pensar como feminista, pensar como negra. Tradução: Cátia Bocaiuva Maringolo. São Paulo: Elefante, 2019b.

HOOKS, bell. *Teoria feminista*: da margem ao centro. São Paulo: Perspectiva, 2019a.

JESUS, Jaqueline Gomes de (org.). *Transfeminismo*: teorias e práticas. Rio de Janeiro: Metanoia, 2014a.

LIBÂNEO, José Carlos. *Pedagogia e Pedagogos, para quê?* 12. ed. São Paulo: Cortez, 2010.

MIRANDA, Claudia. As epistemologias das redes de mulheres negras e dos movimentos pedagógicos na contramão: por outras cimarronajes nos territórios da diáspora afrolatina. *Geopauta*, Vitória da Conquista, v. 4, n. 3, p. 99-115, 2020.

MIRANDA, Claudia. Currículos decoloniais e outras cartografias para a educação das relações étnico-raciais: desafios político-pedagógicos frente à Lei nº 10.639/2003. *Revista da ABPN*, São Paulo, v. 5, n. 11, p. 100-118, 2013.

MOMBAÇA, Jota. Notas estratégicas quanto ao uso político do conceito de lugar de fala. *Buala*, Lisboa, 2017. Disponível em: https://bit.ly/3iu5geq. Acesso em: 3 out. 2021.

ODARA, Thiffany. *Pedagogia da desobediência*: travestilizando a educação. Simões Filho: Devires, 2020.

PASSOS, Maria Clara Araújo dos. O currículo frente à insurgência decolonial: constituindo outros lugares de fala. *Cadernos de Gênero e Tecnologia*, Curitiba, v. 12, n. 39, p. 196-209, 2019.

RIBEIRO, Djamila. *O que é lugar de fala?* Belo Horizonte: Letramento: Justificando, 2017.

RODRIGUES, Ana Flor Fernandes. Quem não quer as travestis nas escolas? Uma volta até a ditadura militar no Brasil. *Semana Pedagógica*, Recife, v. 1, n. 1, p. 198-200, 2019.

SALES, Adriana. *Travestis brasileiras e escolas (da vida)*: cartografias do movimento social organizado aos gêneros nômades. 2018. Tese (Doutorado em Psicologia) – Universidade Estadual Paulista, 2018.

SANTOS, Boaventura de Sousa. Para além do pensamento abissal: das linhas globais a uma ecologia de saberes. *In*: SANTOS, Boaventura de Souza; MENESES, Maria Paula (org.). *Epistemologias do Sul*. São Paulo: Cortez, 2010b. p. 31-83.

SANTOS, Boaventura de Sousa. Uma sociologia das ausências e uma sociologia das emergências. *In*: SANTOS, Boaventura de Sousa. *A gramática do tempo*: para uma nova cultura política. 3. ed. São Paulo: Cortez, 2010a. p. 93-136.

TELLES, Vera da Silva. Sociedade civil e a construção de espaços públicos. *In*: DAGNINO, Evelina (org.). *Os Anos 90*: política e sociedade. 4. ed. São Paulo: Brasiliense, 2004. p. 91-103.

VERGUEIRO, Viviane. Pela descolonização das identidades trans. *In:* CONGRESSO INTERNACIONAL DE ESTUDOS SOBRE A DIVERSIDADE SEXUAL E DE GÊNERO, 6., 2012, Salvador. *Anais* [...]. Salvador: Instituto de Humanidades, Artes e Ciências/UFBA, 2012. p. 1-15.

VERGUEIRO, Viviane. *Por inflexões decoloniais de corpos e identidades de gênero inconformes*: uma análise autoetnográfica da cisgeneridade como normatividade. 2015. 244 f. Dissertação (Mestrado em Cultura e Sociedade) – Universidade Federal da Bahia, Salvador, 2015.

VIANNA, Cláudia; BORTOLINI, Alexandre. Discurso antigênero e agendas feministas e LGBT nos planos estaduais de educação: tensões e disputas. *Educação e pesquisa*, São Paulo, v. 46, p. 1-25, 2020.

VIEIRA, Helena; FRACCAROLI, Yuri. Violência e dissidências: um breve olhar às experiências de repressão e resistência das travestis durante a ditadura militar e os primeiros anos da democracia. *In*: GREEN, James N. *et al.* (org.). *História do movimento LGBT no Brasil.* São Paulo: Alameda, 2018. p. 357-377.

WALSH, Catherine. Movimientos sociales, universidades y redes decoloniales en américa latina. [Entrevista concedida a] Pablo Quintero. *Otros Logos: revista de estudios críticos*, Neuquen, n. 2, p. 245-259, 2011.

AS CONTRIBUIÇÕES DO PENSAMENTO FEMINISTA NEGRO PARA UMA EDUCAÇÃO INFANTIL ANTIRRACISTA

Carolina Santos B. de Pinho e Elisa Amanda Santos do Amaral

O segmento da Educação Infantil, definido em 1996 pela Lei de Diretrizes e Bases da Educação Nacional (LDB nº 9.394) como primeira etapa da Educação Básica, apresenta historicamente grandes problemáticas, como o seu tardio reconhecimento legal. As lutas coletivas pelo direito à educação das crianças de 0 a 5 anos datam muito antes de sua consolidação através da Constituição de 1988, e envolveram estudiosos e pesquisadores, diversos movimentos sociais, movimentando toda a sociedade civil.

Como afirma Guimarães (2017), há uma relação intrínseca entre o histórico da atenção à infância no Brasil e a concepção de criança e sociedade. Tal relação se manifesta no atendimento assistencialista, passando pelo atendimento compensatório, até o momento atual, em que a concepção pedagógica engloba cuidados e educação.

> Em todas as épocas, as concepções dos propositores de políticas públicas, os interesses econômicos e políticos, as visões dos professores de menores de sete anos de idade sobre criança e infância são juízos que abonam (ou não) determinados modos de compreendê-la e, consequentemente, de proporcionar atendimento e de educá-la por meio das práticas escolhidas (Guimarães, 2017, p. 84).

As concepções supracitadas não podem ser vistas como isoladas. Elas são um reflexo da disputa pelos rumos da formação humana e, ao fim e ao cabo, pelos rumos da sociedade. Portanto, as concepções de Educação Infantil refletem ideias de infância, educação, e também de sociedade. Dito isso, é necessário delimitar os conceitos dos quais partimos para pensar em uma Educação Infantil antirracista.

Consideramos a educação como o processo de transmissão e apropriação por cada indivíduo do patrimônio cultural, intelectual e social desenvolvido pela humanidade. Essa apropriação produz em nós a humanidade que foi construída coletivamente por nossa espécie e que vem sendo repassado de geração em geração, proporcionando nossa reprodução material e imaterial. Essa definição parte do que chamamos de formação humana. É através dela que o ser humano pode acessar não apenas o que já foi produzido como cultura por seus antepassados, mas também os instrumentos para intervir em sua realidade e transformá-la a partir dos objetivos e anseios em cada tempo histórico. Esse é um processo de formação do indivíduo, mas também do coletivo, uma vez que permite ao indivíduo se entender como sujeito e se inserir na sociedade. Dessa forma podemos afirmar que pensar educação é necessariamente pensar um projeto de sociedade e de ser humano, ainda que isso não seja explicitado.

A concepção de educação como parte de um projeto de sociedade vem sendo adotada por teorias críticas, principalmente desde a década de 1970. Teorias educacionais não críticas, até então predominantes, vêm recebendo duros questionamentos por fundamentarem um modelo tradicional que nega a relação da educação com projetos de sociedade, o que acaba perpetuando o projeto capitalista, que é pautado na destruição dos seres humanos e da natureza em prol do lucro. A educação guiada por teorias não críticas tem esvaziado de sentido a educação escolar, uma vez que não se orienta pela transmissão dos conhecimentos que nos permitem apreender e transformar a sociedade, processo fundamental para o desenvolvimento histórico da espécie humana. Ao contrário disso, para alinhar os objetivos educacionais com a continuidade da sociedade de classes, teorias de educação não críticas limitam o conhecimento científico, impedindo o acesso ao que há de mais relevante para uma formação humana articulada com um projeto de sociedade que garanta um futuro digno para todas as pessoas.

Como mulheres negras, reivindicamos a crítica aos modelos de educação tradicionais e apontamos a necessidade de uma educação revolucionária que se guie pela tarefa de transmitir a cada pessoa a cultura humana os instrumentos para intervir na realidade, rumo a um projeto de sociedade que transforme radicalmente as relações sociais. Para tal, é necessário combater o cissexismo (Kaas, 2011), o machismo e o racismo, pois eles fazem parte do mecanismo que garante o funcionamento da sociedade capitalista. bell hooks (2019), ao reivindicar o feminismo como política educacional, afirma:

> A pedagogia feminista só pode ser libertadora se for verdadeiramente revolucionária, pois os mecanismos de apropriação dentro do patriarcado de supremacia branca e capitalista são capazes de cooptar com tremenda facilidade o que meramente parece radical ou subversivo (hooks, 2019, p. 116).

Para a perspectiva histórico-crítica, uma pedagogia revolucionária centra-se na igualdade entre os seres humanos, entendendo igualdade em termos reais e não apenas formais. Busca converter-se em instrumento para instaurar uma sociedade mais igualitária, considerando uma das tarefas primordiais do processo educativo a difusão dos conteúdos vivos e atualizados, isto é, do conhecimento historicamente produzido pela humanidade (Saviani, 2008).

Destacamos que uma educação comprometida com a transformação da sociedade deve ser garantida em todos os níveis de ensino, inclusive na Educação Infantil, considerando a importância desta primeira etapa da Educação Básica no desenvolvimento dos indivíduos e do compromisso da educação na luta por uma sociedade justa e igualitária.

As Diretrizes Curriculares Nacionais para a Educação Infantil, aprovadas através da Resolução nº 5, de 17 de dezembro de 2009, definem a criança enquanto sujeito histórico e de direitos que, nas interações, relações e práticas cotidianas que vivencia, constrói sua identidade pessoal e coletiva, brinca, imagina, fantasia, deseja, aprende, observa, experimenta, narra, questiona e constrói sentidos sobre a natureza e a sociedade, produzindo cultura. Somado a isso, o documento também aponta que a proposta pedagógica das instituições de Educação Infantil deve garantir o direito à proteção, à saúde, à liberdade, à confiança, ao respeito, à dignidade, à brincadeira, à convivência e à interação com outras crianças.

Segundo Arce (2003), há uma tendência a um processo de desescolarização da Educação Infantil. Entretanto, é necessário ultrapassar as discussões que negam a essa etapa educativa o seu caráter formativo e pedagógico, reservando-lhe o posto de depósito de crianças onde o cuidar é desassociado do educar. Uma educação revolucionária compreende a importância de uma pedagogia que paute as possibilidades do ensinar, de dirigir intencionalmente o desenvolvimento infantil, considerando a criança como um sujeito histórico que está em construção de si mas também das relações com outras pessoas e com seu meio. Segundo Pasqualini:

> [...] o horizonte da prática pedagógica na educação infantil deve ser o de promover o desenvolvimento omnilateral da criança em suas máximas possibilidades, tomando como referência as máximas possibilidades de humanização da criança pequena objetivamente existentes para o gênero humano (Pasqualini & Martins, 2015, p. 202).

Neste contexto o/a professor/a é responsável por, intencionalmente, conduzir as possibilidades para o desenvolvimento da criança, sendo fundamental a sua efetiva formação e qualificação, assim como seu conhecimento tanto acerca do desenvolvimento quanto do aspecto sócio-histórico e cultural da criança com a qual trabalhará (Arce, 2013).

É POSSÍVEL PENSAR UMA EDUCAÇÃO INFANTIL ANTIRRACISTA?

O racismo, enquanto um dos pilares da organização social capitalista, perpassa todas as relações sociais edificando estratificações e desigualdades, e está presente inclusive nas relações estabelecidas nas práticas pedagógicas cotidianas da Educação Básica (Santiago, 2015). No contexto da Educação Infantil, a criança negra enfrenta o reconhecimento de si como o outro, o não representado, indigno de cuidado e de afeto, desde muito cedo lhe sendo negado o direito a enxergar-se como sujeito pleno. Por outro lado, a criança branca já vivencia privilégios ao ser educada como um ser humano capaz de desenvolver suas potencialidades com base em referências positivas ao longo da história, contada a partir da perspectiva de quem sempre dominou e orientou as práticas sociais.

> Como elemento estratégico para a legitimação dessa forma de ensinamento, são construídas imagens que ligam os sujeitos que não se enquadram nos padrões de brancura enquanto os outros: os estranhos, os pretinhos, os marginais, as safadas, os malandros, os bagunceiros, os moreninhos, coisificando as crianças negras negativamente, não as vendo em suas singularidades e enquanto sujeitos possuidores de desejos e direitos (Santiago, 2015, p. 443)

Entre avanços e retrocessos no campo da educação no que tange ao combate ao racismo e à discriminação, a Educação Infantil por vezes foi posta à margem. Por exemplo, não foi citada no texto de uma das leis mais importantes historicamente, enquanto demanda do movimento negro: a Lei nº 10.639, que trata da obrigatoriedade do ensino de história e cultura africana e afro-brasileira nos estabelecimentos de Ensino Fundamental e Médio. É no Parecer do Conselho Nacional de Educação e do Conselho Pleno (CNE/CP) nº 3/2004, que teve como relatora a Profa. Dra. Petronilha Beatriz G. e Silva, e na Resolução CNE/CP nº 1/2004, que institui as Diretrizes Curriculares Nacionais para a Educação das Relações Étnico-Raciais e para o Ensino de História e Cultura Afro-brasileira e Africana, documento importante no desenvolvimento das políticas educacionais de combate ao racismo, que a Educação Infantil é considerada para atender à demanda da educação das relações étnico-raciais.

O Parecer aponta que os sistemas de ensino e os estabelecimentos de Educação Básica nos níveis de Educação Infantil – primeira menção direta a essa etapa –, Ensino Fundamental, Ensino Médio, Educação de Jovens e Adultos e Educação Superior deverão providenciar, entre outros aspectos, apoio sistemático aos/às professores/as, articulação entre os sistemas de ensino, assim como a inclusão do debate racial na matriz curricular dos cursos de licenciatura.

Com o advento da Lei nº 10.639/2003, que altera os artigos 26-A e 79-B da LDB 9.394/1996, como explicitam Silva, Régis & Miranda (2018) na apresentação do dossiê "Educação e Relações Étnico-Raciais: o estado da arte" cresce consideravelmente o número de pesquisas que discutem a temática.

Todavia, o dossiê acaba também por demonstrar que, apesar do elevado número de pesquisas sobre o assunto, são poucas as que se dedicam ao campo da Educação Infantil. Portanto, há muitos caminhos possíveis, assim como desafios para a construção da luta antirracista e o compromisso com uma educação que rompa com as opressões.

Dei e Johal (2008), em sua obra que discute metodologias de investigação antirracistas, definem o antirracismo para além do respeito às diferenças:

> O antirracismo tem que ver com relações de poder. O discurso antirracista afasta-se de discussões sobre a tolerância da diversidade e aproxima-se da noção de diferença e poder. Vê a raça e o racismo como centrais em relação ao modo como reivindicamos, ocupamos e defendemos os espaços. A tarefa do antirracismo é a de identificar, desafiar e mudar os valores, as estruturas e os comportamentos que perpetuam o racismo sistemático e outras formas de opressão social (Dei; Johal, 2008, p. 13).

Os autores explicam que o discurso antirracista evidencia as iniquidades e os desequilíbrios de poder que se manifestam no preconceito, no ódio, na violência. Portanto, os mecanismos de retificação apontados pelo antirracismo são mudanças fundamentais na estrutura da sociedade, haja vista que o racismo é visto como parte integrante e não anômala à ordem social (Dei; Johal, 2008).

É necessário avançar no processo de rompimento com as práticas ultrapassadas que se dedicam apenas à manutenção das desigualdades postas na sociedade capitalista, desalienar os processos pedagógicos visando garantir o desenvolvimento da criança em toda sua potencialidade, assegurando os instrumentos para a intervenção e transformação social e o desenvolvimento do pensamento crítico. Como afirma hooks (2019, p. 115), o papel de qualquer professor/a comprometido/a com a autorrealização total dos/as estudantes é fundamentalmente radical, é desafiar a dominação em sua própria essência.

Como pensar uma Educação Infantil antirracista? Esta breve indagação abre um leque de possibilidades e desafios, que envolvem desde a formação inicial docente até o compromisso político com a luta antirracista, haja vista que a escolha da educação como prática de liberdade significa tomar uma posição política que pode ter consequências sérias (hooks, 2019). É preciso também lançar mão de aportes teóricos que possam embasar processos pedagógicos transformadores, respeitando as especificidades do segmento da Educação Infantil, que "é um espaço de entrelaçamento entre o cuidar e o educar, e para se cuidar é primordial conhecer as diferentes demandas das crianças, considerando que o pertencimento racial opera nessas singularidades" (Souza; Dias; Santiago, 2017 p. 49).

Portanto, considerando o papel da escola e também estudos que comprovam que as crianças já compreendem os impactos da racialização (Santiago, 2015), afirmamos não apenas que é possível, mas necessário um direcionamento de uma educação antirracista na Educação Infantil. Apesar de não formularem o que chamamos de conceitos, crianças de 0 a 5 anos manifestam o que vai se transformar na capacidade de desenvolver o pensamento conceitual. Isso significa que, embora não tenha consciência do processo de formação do conceito, a criança é capaz de compreender o que está a sua volta; ou seja, hábitos e habilidades são aprendidos, ainda que de forma espontânea. Assim, é possível afirmar que crianças de 0 a 5 anos são capazes de aprender, mesmo inconscientemente, mecanismos de poder praticados e perpetuados na sociedade capitalista e que são reproduzidos indistintamente em sala de aula.

Retomamos o Parecer CNE/CP nº 3/2004 para defender que a escola não pode improvisar. É necessário desalienar os processos pedagógicos, reestruturando as relações étnico-raciais e sociais. A Educação Infantil, enquanto primeira etapa da Educação Básica, visa construir novas formas de sociabilidade e de subjetividade comprometidas com o rompimento de relações de dominação. Desse modo, é necessário ir além da política branda de inclusão rumo a uma nova política de transparência e responsabilidade (Dei; Johal, 2008).

AS CONTRIBUIÇÕES DO PENSAMENTO FEMINISTA NEGRO

Mulheres negras têm oferecido pistas sobre práticas pedagógicas que se articulem com um projeto de sociedade no qual o racismo e o sexismo não sejam aceitos como modelo de racionalidade. Aqui nos pautamos no pensamento feminista negro para discutir práticas pedagógicas fundamentais para uma educação antirracista.

Entendemos como pensamento feminista negro o conjunto de tradições intelectuais feministas negras na diáspora, criadas a partir do lugar social que as mulheres negras ocupam como coletividade. Tais tradições nascem da tensão dialética entre a opressão sofrida pelas mulheres negras e seu ativismo. Neste sentido, podemos afirmar que o pensamento feminista negro nasce da prática feminista negra e vice-versa. (Collins, 2019). Esse conjunto de tradições aponta para a construção da pedagogia feminista negra, estruturada nas experiências coletivas das mulheres negras em diáspora e que vêm experienciando a educação a partir de uma perspectiva contra-hegemônica. Aqui destacamos especificamente os estudos de mulheres negras que apresentam proposições que articulam o legado de feministas negras com uma educação antirracista, antissexista e, portanto, anticlassista, como: bell hooks, Barbara Omolade, Patricia Hill Collins, Annette Henry, Nilma Lino Gomes, Eliane Cavallero, Carolina Santos B. de Pinho.

Considerando as contribuições feministas negras, para atuar na Educação Infantil a partir de um projeto antirracista é necessário nos livrarmos de referências nas pedagogias tradicionais que orientam as práticas na educação escolar, inclusive na Educação Infantil. Seguindo essa orientação, apontamos alguns elementos que devem ser considerados para a organização do trabalho pedagógico de cunho antirracista, articulado com a pedagogia feminista negra.

Subverter as relações de poder em sala de aula

Acreditamos na necessidade de subverter as relações de poder que regulam a nossa sociedade, dessa forma, professores e professoras devem se livrar da autoridade e exercitar o uso do poder de forma a incentivar um ambiente seguro e não opressor. Isso é fundamental para que as crianças se sintam seguras em questionar as relações de poder a que estão submetidas fora da sala de aula, principalmente quando falamos de crianças negras, que historicamente têm referências de subalternidade. Para Cavallero (2001), é necessário pensar ações que possibilitem o fortalecimento do autoconceito de alunos e alunas pertencentes a grupos discriminados.

Apontamos a urgência de não reproduzir relações de opressão quando estamos em um lugar de poder, mesmo que ele seja simbólico, como é o caso de uma professora mulher e negra em uma sala de aula. Barbara Omolade (1993), no artigo “Uma pedagogia feminista negra”, afirma que pensar em educação, para as mulheres negras, deve necessariamente envolver a investigação da causa das relações de poder e seu uso em sala de aula. A autora relata que, por sua origem, teve dificuldade em compreender que existe uma diferença de poder entre alguém que ocupa o lugar de quem ensina e aqueles que estão no lugar de quem aprende. Independentemente de nossa vontade, o poder instituído pela configuração histórica da sala de aula e também pela forma como as experiências escolares foram vivenciadas nos coloca em um lugar de poder. Subverter as relações de poder em sala de aula não significa negar a existência dessa relação, mas sim modificar a forma como esse poder é utilizado.

> Muitas mulheres têm tido dificuldades em afirmar o poder na sala de aula feminista por medo de, ao fazer isso, estar exercendo a dominação. Porém, é preciso reconhecer que o papel de professora é uma posição de poder sobre outras pessoas. Nós podemos usar esse poder de jeitos que as diminuam ou as enriqueçam e é essa escolha

> que deveria diferenciar a pedagogia feminista do ensino que reforça a dominação (hooks, 2019, p. 119).

Assumir que há poder é o primeiro passo para direcioná-lo para o fortalecimento da auto-organização e da autonomia das crianças que é uma das bases da pedagogia feminista negra.

Incentivar a auto-organização e a responsabilidade coletiva

Quando usamos o poder como forma de enriquecer a experiência educativa, a participação das crianças se torna essencial em todos os processos. bell hooks (2017) afirma que qualquer pedagogia radical precisa insistir no reconhecimento da presença de todos, não apenas no discurso, mas através de práticas pedagógicas.

No cotidiano da Educação Infantil, nos momentos de brincadeiras, fantasias, jogos e outras atividades as crianças devem compreender a necessidade de se auto-organizarem para que as atividades aconteçam de modo confortável para todas. O nível de responsabilidade é proporcional às possibilidades daquele grupo, mas as diferentes responsabilidades devem ser experimentadas. Deixá-las escolher opções de atividade, os materiais a utilizar, a organização dos espaços, bem como as formas de operacionalizar tais recursos sem comprometer os objetivos da proposta pedagógica pode ser importante para o desenvolvimento do senso de responsabilidade e um incentivo à tomada de decisões.

Neste último aspecto, as crianças devem sempre ser incentivadas a considerar o que maioria do grupo prefere fazer. Estimular a tomada de decisões em duplas ou trios, buscando sempre uni-los em torno de determinados interesses em comum, pode ampliar o senso de comunidade e fortalecer a responsabilidade coletiva. hooks (2017) aponta ainda que a sala de aula deve ser um lugar de entusiasmo, e que esse entusiasmo é gerado pelo esforço coletivo.

Não admitir comportamentos preconceituosos e discriminatórios de nenhum membro da comunidade escolar, mesmo em tom de brincadeira

A hierarquização das diferenças é uma marca da sociedade capitalista. Distinções biológicas foram utilizadas, até cientificamente, para justificar privilégios e desvantagens sociais. Por fazer parte de um projeto de poder (Almeida, 2019), a hierarquização das diferenças está em todas as relações, inclusive as escolares. Essas relações são reproduzidas desde muito cedo mesmo entre as crianças, ou entre professores e crianças (Santiago, 2015), muitas vezes em forma de piada, o que não torna o mecanismo diferente. Segundo Moreira (2019), o racismo que se apresenta dessa forma, que ele denomina de *racismo recreativo*, é uma política cultural para manutenção de privilégios e tem a função de perpetuar a ideia de que apenas pessoas brancas merecem respeito e dignidade.

É difícil imaginar que esse comportamento em crianças pode ser tão danoso, mas, ao considerarmos que a criança está em processo de construção de sua identidade pessoal e coletiva, as brincadeiras e piadas se constroem como referências para a compreensão do que é ser negro e, portanto, do que é ser branco em uma sociedade com bases racistas (Pinho, 2020). Esse raciocínio é válido também para comportamentos preconceituosos e discriminatórios que envolvam gênero, peso corporal, habilidades intelectuais e/ou físicas.

O fortalecimento do senso de comunidade pode ajudar na compreensão de que posturas que desvalorizem, diminuam ou magoem outras pessoas da comunidade escolar não podem ser admitidas se nos pautamos em uma pedagogia feminista negra.

Considerar a diversidade da comunidade escolar em todas as suas dimensões: gênero, classe, raça, território, sexualidade

Para uma educação antirracista, considerar a diversidade entre os membros da comunidade escolar diz respeito a pensar uma educação a partir da complexidade humana, e não apenas a partir do formato eurocêntrico delimitado como padrão de normalidade.

Intelectuais negras vêm amadurecendo o conceito de interseccionalidade como instrumento teórico que rompe com a lógica dualista do pensamento ocidental (Crenshaw, 2002; Collins; Bilge, 2021). A interseccionalidade, pela importância na articulação do pensamento feminista negro, pode ser considerada uma das bases da pedagogia feminista negra. Planejar as ações pedagógicas a partir desta perspectiva significa trazer para a sala de aula a diversidade de experiências que se entrecruzam na produção da injustiça e também das vantagens sociais. Significa considerar as experiências de meninas negras sob um prisma diferente das experiências de meninos brancos, por exemplo.

Essa diversidade pode ser pautada nas atividades e brincadeiras não de uma forma hierárquica, mas para que as crianças normalizem essas diferenças entre si e possam, no futuro, compreender o que elas significam. Apresentar bonecos de diferentes corpos, diferentes tons de pele, inseridos em contextos diversos é um caminho possível. Cavallero (2001) aponta que as diferenças devem ser levadas em consideração também na escolha de materiais didáticos, na busca de eliminar o eurocentrismo dos currículos escolares e contemplar a diversidade racial, bem como o estudo de assuntos ligados às demandas da população negra e indígena. Com isso, é possível ensinar às crianças uma história crítica dos diferentes grupos que constituem a história brasileira. Acreditamos que essa é uma forma de educar para o reconhecimento positivo da diversidade racial.

Incentivar o anseio pelo conhecimento

A educação escolar tem como objeto o conhecimento sistematizado. Nos diferentes níveis de ensino, esse conhecimento deve ser apresentado em graus de aproximação cada vez mais complexos. Afirmamos isso em contraposição a algumas propostas educacionais que consideram que a finalidade da escola é o "aprender a aprender".

Reivindicando uma educação que se paute pela tarefa de transformar a sociedade e garantir um futuro digno à humanidade. Acreditamos que quem ocupa um lugar de subalternidade (pessoas negras, pobres, LGBTQIA+) não pode abdicar do princípio fundamental para transformar algo: só podemos mudar o que dominamos. Portanto, a única forma de atuar para a transformação da realidade atual é acessar o conhecimento que nos permita dominá-la. Assim, para os grupos subalternizados, a escola deve cumprir sua principal função, que é transmitir o conhecimento sistematizado. Esses grupos não possuem outro lugar de acesso a tal conhecimento, portanto, desviar o objetivo principal da escola é desviar o caminho para a transformação da sociedade.

No livro *Ensinando pensamento crítico*, bell hooks (2020) afirma que o cerne do pensamento crítico é o conhecimento. Para pensar e questionar as estruturas sociais é necessário "compreender o funcionamento da vida" (hooks, 2020). A autora também defende que crianças têm uma predisposição ao pensamento crítico, mas quando se deparam com um mundo que busca educá-las apenas para subserviência e obediência, acabam entendendo que pensar é perigoso.

Assim, podemos constatar que o incentivo ao conhecimento é fundamental para que as crianças construam a condição de pensar criticamente, articulando os saberes adquiridos com posturas ativas e conscientes.

Encorajar a transformação

Uma educação antirracista deve sempre incentivar o uso do conhecimento para superação dos limites, ou para o que bell hooks (2019) chama de "espírito de risco". Educar seres humanos comprometidos com a transformação da sociedade exige o estímulo recorrente à transgressão e ao questionamento. É preciso desafiar as crianças a recriarem ambientes e materiais, a transformarem seu meio para desenvolver a autoconfiança e a sensação de que as coisas e o mundo podem ser modificados e melhorados pela ação individual, sempre articulada com o poder da coletividade.

Hooks (2017) cita o filósofo marxista Terry Eagleton para explicitar que as crianças são os melhores teóricos, pois ainda não receberam a educação que nos leva a aceitar as práticas sociais como naturais e imutáveis, por isso são capazes de fazer os questionamentos mais fundamentais, perturbando as condições postas. Não entendendo tais práticas como inevitáveis, não compreendem por que não poderíamos fazer de outra forma. E podemos. Devemos apostar nisso.

CONCLUSÃO

Os elementos que apontamos são fruto da atuação de mulheres negras no mundo e estão articulados com o modelo filosófico educacional que temos chamado de pedagogia feminista negra. São elementos que podem servir de referência para a organização do trabalho pedagógico por todas as pessoas que pretendem construir uma sociedade livre de opressões, objetivo que vem orientando a prática política de mulheres negras.

Para nós, uma educação antirracista perpassa em primeiro lugar pela tomada de posição em relação aos rumos da sociedade ao considerarmos nossa intervenção pedagógica. Toda a organização do trabalho pedagógico em uma abordagem antirracista se pauta nas tarefas de construção de um futuro digno a todos os seres humanos, que devem viver em uma relação harmônica entre si e com a natureza. Sabemos que nadar contra a corrente, desafiar o *status quo* não é uma opção politicamente neutra (hooks, 2017). Carregamos as marcas de nossas escolhas políticas e toda a carga que advém dessas escolhas. É necessária a construção de pontes, diálogos, redes de apoio e proteção, diante da possibilidade de lidarmos com a solidão e até a perseguição do nosso trabalho. Por isso, essa é uma ação que deve ser assumida por todas as pessoas comprometidas com a luta antirracista.

Para tal, é necessário "erguer a voz" (hooks, 2019), expressão da transição de objeto para sujeito. Mulheres negras têm produzido, através de sua experiência, mecanismos e tecnologias de resistência potentes e capazes de intervir e transformar a realidade, não permitiremos que o direito à voz, à autoridade, nos seja ainda um privilégio negado (hooks, 2019).

Destacamos que este é um trabalho coletivo, escrito a partir de quem nos precedeu e nos ofereceu bases em condições de opressão, mas também a partir da experiência de intelectuais e professoras negras que atuam cotidianamente para garantir um futuro digno para a humanidade. Ou seja, nos inspiramos em mulheres que foram movidas pelo senso de luta, e é este mesmo senso de luta que se coloca como eixo de uma pedagogia antirracista, mas acima de tudo revolucionária.

Carolina Santos B. de Pinho é professora, pesquisadora e afroempreendedora. Realiza pesquisas na área de educação, epistemologia e movimentos sociais, com ênfase em formação de professores, atuando principalmente nos seguintes temas: educação, produção e filosofia do conhecimento, educação física, diretrizes curriculares e feminismo negro. Possui doutorado em Educação pela Universidade Estadual de Campinas (Unicamp) e mestrado pela mesma instituição, tendo realizado Doutorado Sanduíche na Technische Universität Braunschweig, na Alemanha. É professora na área de prática de ensino na Universidade Estadual de Feira de Santana (UEFS), onde coordena o Curso de Extensão em Pedagogia Feminista Negra. É idealizadora e coordenadora pedagógica da Rede Ojá – Epistemologias Negras

Contato: csbpinho@gmail.com

Elisa Amanda Santos do Amaral é formada em Pedagogia pela Universidade Estadual de Campinas (Unicamp), pós-graduada em Educação, Direitos Humanos, Diversidade e Relações Étnico-Raciais pela Faculdade de Ciências da Bahia (Faciba), e mestranda no Programa de Pós-Graduação Interdisciplinar em

Estudos da Condição Humana (PPGECH) da Universidade Federal de São Carlos (Ufscar), campus Sorocaba. Possui diversos cursos de extensão universitária sobre Educação Infantil, educação antirracista e feminismo negro. Atua como professora de Educação Infantil desde 2018, com passagem pelas redes municipais de Araçoiaba da Serra, Salto de Pirapora e Sorocaba (SP).

Contato: amaralelisa3@gmail.com

REFERÊNCIAS

ALMEIDA, Silvio Luiz de. *Racismo estrutural*. Belo Horizonte: Jandaíra. 2019.

ARCE, Alessandra. *A pedagogia na "era das revoluções"*: uma análise do pensamento de Pestalozzi e Froebel. Campinas: Autores Associados, 2002.

BRASIL. Ministério da Educação. Lei nº 9.394, de 20 de dezembro de 1996. Estabelece as diretrizes e bases da educação nacional. *Diário Oficial da União*: seção 1, Brasília, DF, p. 27833, 23 dez. 1996.

BRASIL Ministério da Educação. Lei nº 10.639, de 9 de janeiro de 2003. Altera a Lei nº 9.394, de 20 de dezembro de 1996, que estabelece as diretrizes e bases da educação nacional, para incluir no currículo oficial da Rede de Ensino a obrigatoriedade da temática "História e Cultura Afro-Brasileira", e dá outras providências. *Diário Oficial da União*: seção 1, Brasília, DF, p. 1, 10 jan. 2003.

BRASIL. Ministério da Educação. Resolução nº 1, de 17 de junho de 2004. Institui Diretrizes Curriculares Nacionais para a Educação das Relações Étnico-Raciais e para o Ensino de História e Cultura Afro-Brasileira e Africana. *Diário Oficial da União*: seção 1, Brasília, DF, p. 1, 22 jun. 2004.

BRASIL. Ministério da Educação. *Parecer CNE/CP nº 3, de 10 de março de 2004*. Institui Diretrizes Curriculares Nacionais para a Educação das Relações Étnico-Raciais e para o Ensino de História e Cultura Afro-Brasileira e Africana. Brasília, DF: MEC, 2004.

BRASIL. Ministério da Educação. Resolução nº 5, de 17 de dezembro de 2009. Fixa as Diretrizes Curriculares Nacionais para a Educação Infantil. *Diário Oficial da União*: seção 1, Brasília, DF, p. 18, 18 dez. 2009.

CAVALLERO, Eliane. Educação anti-racista: compromisso indispensável para um mundo melhor. *In*: CAVALLERO, Eliane. (org.). *Racismo e anti-racismo na educação*: repensando a escola. São Paulo: Selo Negro, 2001. p. 141-160.

COLLINS, Patricia Hill. *Pensamento feminista negro*: conhecimento, consciência e a política do empoderamento. Tradução: Jamille Pinheiro Dias. São Paulo: Boitempo, 2019.

COLLINS, Patricia Hill; BILGE, Sirma. *Interseccionalidade*. São Paulo: Boitempo, 2021.

CRENSHAW, Kimberly. Documento para o encontro de especialistas em aspectos da discriminação racial relativos ao gênero. *Estudos Feministas*, Florianópolis, v. 10, n. 1, p. 171-188, 2002.

DEI, George Sefa J.; JOHAL, Gurpreet Sigh. *Metodologias de investigação anti-racistas*: questões críticas. Portugal: Pedago, 2008.

GUIMARÃES, Maria Célia. A história da atenção à criança e da infância no Brasil e o surgimento da creche e da pré-escola. *Revista Linhas*, Florianópolis, v. 18, n. 38, p. 81-142, 2017.

HOOKS, bell. *Ensinando a transgredir*: a educação como prática da liberdade. São Paulo: WMF Martins Fontes, 2017.

HOOKS, bell. *Erguer a voz*: pensar como feminista, pensar como negra. São Paulo: Elefante, 2019.

HOOKS, bell. *Ensinando pensamento crítico*: sabedoria prática. São Paulo: Elefante, 2020.

KAAS, Hailey. O que cissexismo? *Transfeminismos*, 2011. Disponível em: https://bit.ly/3iwylWG. Acesso em: 27 jun. 2021.

MOREIRA, Adilson. *Racismo recreativo*. São Paulo: Pólen, 2019.

OMOLADE, Barbara. A black feminist pedagogy. *Women's Studies Quarterly*, v. 21, n. 3/4, p. 31-38, 1993.

PASQUALINI, Juliana Campregher; MARTINS, Lígia Márcia. Dialética singular-particular-universal: implicações do método materialista dialético para a psicologia. *Psicologia & Sociedade*, Recife, v. 27, n. 2, p. 362-371, 2015.

PINHO, Carolina Santos Barroso de. Pensamento feminista negro no Brasil: uma contribuição necessária para a transformação da realidade. *Margem Esquerda*, São Paulo, v. 31, p. 114-121, 2018.

SANTIAGO, Flávio. Creche e racismo. *Eletrônica de Educação*, São Carlos, v. 9, n. 2, p. 441-460, 2015.

SAVIANI, Dermeval. *Escola e democracia*. Campinas, São Paulo: Autores Associados, 2008.

SILVA, Paulo Vinícuis Baptista da; REGIS, Kátia Evangelista; MIRANDA, Shirley Aparecida de. Sobre a pesquisa Educação e Relações Étnico-Raciais. *Educar em Revista*, Curitiba, v. 34, n. 69, p. 9-16, 2018.

SOUZA, Ellen Gonzaga Lima; DIAS, Lucimar Rosa; SANTIAGO, Flávio. Educação infantil e desigualdades raciais: tessituras para a construção de uma educação das/nas relações étnico-raciais desde a creche. *Humanidades & Inovação*, Palmas, v. 4, n. 1, p. 46-55, 2017.

CURSO DE EXTENSÃO PEDAGOGIA FEMINISTA NEGRA/UEFS: ESPAÇO DE FORTALECIMENTO DAS VOZES DE MULHERES NEGRAS

Rívia de Jesus Santos

> *Minha esperança, acima de tudo, é que mais pessoas, outrora e ainda hoje silenciadas, encontrem sua própria voz. Eu, pelo menos, quero ouvir o que elas têm a dizer.*
>
> (Collins, 2019, p. 19).

INICIANDO A CONVERSA

Inicio esta escrita pedindo licença e a benção às mais velhas, a todas mulheres negras que me antecederam e pavimentaram o caminho, abrindo trilhas para que hoje eu e tantas outras mulheres negras pudéssemos passar. Mulheres negras anônimas, do nosso círculo familiar, das nossas redes de apoio afrodiaspórica, mulheres negras que atravessaram nossos caminhos no ambiente acadêmico, a todas elas que exerceram e exercem sua intelectualidade e com sabedoria nos ergueram e erguem. Nós chegamos, mas não chegamos sós; as mãos de vocês nos sustentaram. Parafraseando Jurema Werneck: nossos passos vêm de longe!

O presente texto é resultado da trajetória realizada através do curso de extensão Pedagogia Feminista Negra, coordenado pela professora doutora Carolina Santos B. de Pinho, da Universidade Estadual de Feira de Santana (UEFS), Bahia, e com a supervisão pedagógica da professora mestre Tayná Victória de Lima Mesquita, da Universidade Estadual de Campinas. O corpo docente do curso foi formado por catorze intelectuais de diversas universidades do Brasil e dos Estados Unidos e contou com a participação de 48 cursistas. O público-alvo do curso contemplou estudantes de Ensino Médio, Graduação, Pós-Graduação, professoras da rede básica de educação e da rede superior de diversas partes do Brasil.

O curso teve início no dia 12 de agosto e encerramento em 11 de novembro de 2020, totalizando treze semanas. Os encontros aconteceram às quartas-feiras, com duração média de 120 minutos. As aulas foram realizadas remotamente, via Google Meet, e o material foi disponibilizado no Google Drive.

O plano do curso se ancorou em produções epistemológicas e pedagógicas desenvolvidas pelo pensamento feminista negro com contribuições teóricas, metodológicas e práticas para a efetivação de ações antirracistas. Seu principal objetivo foi contribuir para a consolidação de uma teoria crítica da educação, comprometida com a transformação da realidade pautada no antirracismo, a partir do aprofundamento na produção intelectual do pensamento feminista negro. Para isso, o curso se estruturou em três módulos: 1) Bases e fundamentos; 2) Prática pedagógica e resistência feminista negra: experiências transformadoras; e 3) Pedagogia feminista negra delineando perspectiva de futuro.

O curso se constituiu em um espaço importante para o fortalecimento de vozes de mulheres negras. Em uma sociedade alicerçada sobre bases opressoras, violentas, racistas, sexistas e LGBQIfóbicas, espaços seguros para mulheres negras são de grande relevância para a constituição das nossas redes de apoio e o aquilombamento afrodiaspórico.

A seguir, dialogaremos sobre uma pesquisa realizada com as integrantes do curso e abordaremos a importância desse espaço de formação para o fortalecimento de vozes de mulheres negras. Na coleta das informações foi aplicado um questionário eletrônico com doze perguntas, buscando compreender o perfil das cursistas e a importância do curso no processo formativo de cada uma delas.

VOZES DAS CURSISTAS

A violência estrutural do racismo e do sexismo provoca nossa objetificação. Nos espaços institucionais e de produção do conhecimento, sempre questionam a validade do que produzimos, e por diversas vezes nossas falas são silenciadas e deslegitimadas. Winnie Bueno (2020), em seu livro *Imagens de controle: um conceito do pensamento de Patricia Hill Collins*, afirma que é necessário compreender as ausências das experiências de mulheres negras no pensamento feminista. Para a autora:

> A exclusão histórica de mulheres negras do espaço acadêmico, seja a partir da não contratação dessas pessoas como professoras, seja a partir da negativa de bolsas de incentivo à pesquisa para pesquisadoras negras, seja através da não menção dos estudos desenvolvidos por mulheres negras nas ementas de disciplinas ou nas leituras obrigatórias de processos seletivos que ocorrem no âmbito da educação, contribui para a consolidação de um

imagético popular que não considera as mulheres negras como produtoras de saberes (Bueno, 2020, p. 61).

Para a professora e socióloga Patricia Hill Collins (2019), faz parte da dominação objetificar o grupo subordinado. Não por acaso, desde a escravidão, a ideologia dominante estimulou a criação de várias imagens de controle sobre a condição da mulher negra, sendo essas imagens reatualizadas de acordo com o período histórico. O termo *imagens de controle*, desenvolvido por Collins (2019), se refere às representações depreciativas e negativas que são imputadas a nós, mulheres negras. Neste sentido, somos categorizadas por estereótipos que nos desumanizam e violentam. Basta observarmos as categorias "mãe preta", "mulata", "pretas raivosas", "pretas metidas", dentre outras que nos remetem a um não lugar ou ao lugar que a branquitude nos reserva.

Essas imagens de controle estão presentes no imaginário da sociedade brasileira. De acordo com Núbia Regina Moreira:

> Existe um símbolo de mulher negra que é acionado nas mentes dos membros da sociedade brasileira todas as vezes que mencionamos essa categoria. A classificação mulher negra não ocupa um lugar positivo no imaginário brasileiro (Moreira, 2018, p. 31-32).

Diante de tantas denominações e imagens negativas que circulam no imaginário brasileiro quando se aciona a categoria mulher negra, consideramos importante fortalecer as vozes de mulheres negras, assim como seu poder de autodefinição. Nós não aceitamos essas imagens de controle com passividade. Estamos tensionando as estruturas, reivindicando nossas vozes, produzindo conhecimento e apontando outra proposta de sociedade, seja nas nossas comunidades, seja na política, na educação, na academia ou na produção do conhecimento científico – onde por diversas vezes o saber dito universal tenta invalidar nossas produções. Neste sentido, a autodefinição desafia a validação do conhecimento que formulou imagens de controle estereotipadas sobre nós, mulheres negras (Collins, 2016).

É necessário repensar o lugar de produção do conhecimento como um projeto de justiça social, compreendendo que historicamente os grupos oprimidos e subalternizados ficaram de fora da produção do saber dito legítimo, mas isso não quer dizer que esses grupos não produziram conhecimento. Para Collins (2016, p. 461), o projeto de justiça social envolve "esforço organizado de longa duração para eliminar a opressão e empoderar indivíduos e grupos em uma sociedade justa". Nessa perspectiva, é imprescindível nos voltarmos para o que as mulheres negras têm produzido historicamente.

A política do apagamento da produção de grupos oprimidos é uma forma de silenciar e diminuir politicamente o poder de quem aponta outra proposta organizativa de sociedade. Dentro de uma lógica capitalista, elitista, racista, sexista e opressora, essas produções são desqualificadas pelos grupos hegemônicos e que não têm interesse em dialogar para a equidade. A professora Carolina B. de Pinho (2018, p. 124) argumenta que "lançar luz sobre o pensamento das mulheres negras no Brasil é buscar possibilidades explicativas, epistemológicas e ontológicas para além do que é hegemônico". O reconhecimento do pensamento produzido por mulheres negras chama a atenção do espaço acadêmico científico para repensar suas práticas em prol do bem viver[1].

Veremos a seguir a importância do curso de extensão Pedagogia Feminista Negra como um espaço seguro para autodefinição de mulheres negras e para o fortalecimento de suas vozes, bem como para o desenvolvimento da sua produção científica.

Perfil das cursistas

Para a coleta dos dados foi aplicado um questionário digital através do Google Forms. O instrumento consistia em doze questões com o objetivo de traçar o perfil geral das cursistas. Foram levantados aspectos fundamentais para responder à pergunta da pesquisa: o curso contribuiu como um espaço para o fortalecimento de vozes de mulheres negras?

Primeiro, as cursistas informaram sete dados pessoais: estado; faixa etária; autodeclaração racial; orientação sexual; escolaridade; graduação; e profissão. Depois, responderam às seguintes perguntas: possui alguma dificuldade para se expressar no espaço escolar ou acadêmico? Como o curso de extensão Pedagogia Feminista Negra tem contribuído para desenvolver sua expressão oral? Você possui dificuldade para escrever trabalhos escolares ou acadêmicos? Caso a resposta anterior tenha sido sim, como o curso de extensão Pedagogia

1. O bem viver é um novo código sociopolítico em busca de justiça, equidade e solidariedade. Portanto, compreende o bem-estar através das múltiplas vozes presentes na sociedade e que devem, em conjunto, decidir os destinos da sociedade. Este pensamento está presente no *Documento Analítico e Declaração contra o Racismo, a Violência e pelo Bem Viver* (Marcha das Mulheres Negras, 2015).

Feminista Negra tem contribuído para o seu processo de escrita? Qual a sua avaliação sobre o curso?

Contamos com a participação de 48 cursistas, sendo dezessete pessoas da Bahia; duas do Maranhão; uma do Pernambuco; duas do Rio de Janeiro; uma do Rio Grande do Norte; uma do Rio Grande do Sul; uma de Santa Catarina; uma de Sergipe; e vinte e duas de São Paulo. Como podemos observar, o curso abrangeu as regiões Nordeste, Sudeste e Sul do Brasil.

Com relação à faixa etária, 15% das participantes têm entre 21 e 30 anos; 42% entre 31 e 40 anos; 25% entre 41 e 50 anos; 12% entre 51 e 60 anos; e 6% mais de 60 anos. As que se autodeclaram negras foram 81%, e as pardas 19%. Com relação à orientação sexual, 73% se declaram heterossexuais; 23% bissexuais; 2% homossexuais; e 2% se declararam como sapatonas. Sobre o nível de escolaridade, 2% possuem Ensino Médio completo; 17% Ensino Superior em andamento; 19% Ensino Superior completo; 8% Especialização em andamento; 35% Especialização completa; 4% Mestrado em andamento; 13% Mestrado completo; e 2% Doutorado em andamento.

O curso contemplou estudantes e profissionais das mais diversas áreas: Ciências Sociais, Pedagogia, Administração, Arquitetura e Urbanismo, Artes Plásticas, Comunicação Social, História, Letras, Ciências Biológicas, Enfermagem, Biblioteconomia, Psicologia e Serviço Social. Dentre as profissões apareceram: atriz, radialista, porteira, assessora parlamentar, artista plástica, professora, assistente social e psicóloga.

Nota-se que o perfil das cursistas foi diversificado, o que reflete a heterogeneidade das mulheres negras mesmo em suas semelhanças históricas relacionadas à origem na diáspora.

Curso de extensão Pedagogia Feminista Negra: vozes que ecoam

Concordamos com Grada Kilomba (2019) quando a autora afirma que escrever é um ato político e de descolonização. Ao assumir a epistemologia feminista negra como campo metodológico, estamos demarcando um ponto de vista da constituição do conhecimento. A epistemologia é a reflexão sobre a teoria do conhecimento e determina em que devemos acreditar e por quê. Assim, as escolhas epistemológicas não são neutras na academia. Como o ambiente acadêmico historicamente é ocupado por homens brancos, as temáticas, epistemologias, os referenciais e estudos que prevalecem manifestam os interesses deles.

De acordo com a pesquisadora bell hooks[2] (1995, p. 3), é necessário teorizar para "entender minha realidade e o mundo em volta, encarar e compreender o concreto". Assim, o pensamento feminista negro vem produzindo conhecimentos a partir do lugar que as mulheres negras ocupam e apontam para pensar o fenômeno da educação (Pinho, 2021). Isso constitui a formulação da pedagogia feminista negra.

Pensar uma educação antirracista é fundamental para quem defende equidade, justiça social e direitos humanos. As experiências vividas no ambiente educacional marcam nossa trajetória e podem servir tanto para transformar nossa realidade, quanto para fomentar traumas que serão levados a outros níveis na socialização dos seres humanos. O compromisso antirracista deve ser assumido em todas as etapas educacionais,

---

2. bell hooks é o pseudônimo de Gloria Jean Watkins, em homenagem à sua avó materna, por ela descrita como uma mulher de "língua afiada". A autora grafa seu nome em letras minúsculas para centralizar suas ideias e não sua figura autoral.

pois não podemos continuar perpetuando uma única história que alimenta a invisibilidade de grupos oprimidos.

Em uma poderosa intervenção, Chimamanda Adichie (2019) argumenta sobre o perigo de uma história única, que estrutura hierarquias, produz estereótipos e violenta sujeitos que estão à margem das estruturas de poder. Para a autora:

> As histórias importam. Muitas histórias importam. As histórias foram usadas para espoliar e caluniar, mas também podem ser usadas para empoderar e humanizar. Elas podem despedaçar a dignidade de um povo, mas também podem reparar essa dignidade despedaçada [...] quando rejeitamos a história única, quando percebemos que nunca existe uma história única sobre lugar nenhum, reavemos uma espécie de paraíso (Adichie, 2019, p. 32-33).

Para compreendermos a relevância do curso de extensão Pedagogia Feminista Negra, perguntamos se as cursistas possuíam alguma dificuldade para se expressar no espaço escolar ou acadêmico; 56% delas responderam que sim, e 44% que não. Às primeiras, perguntamos qual o motivo da apreensão em falar e como o curso estava auxiliando para que elas se sentissem seguras em se expressar. Selecionamos alguns depoimentos:

> *Falta de autoconfiança. Com embasamento teórico vou adquirindo cada vez mais segurança pra me expor.* (Depoimento 1).

> *Insegurança, medo... o curso de Extensão Pedagogia Feminista Negra nos deixa bastante tranquilas na hora de*

falar, uma vez que este espaço é acolhedor para nós, mulheres pretas. (Depoimento 2).

Insegurança, timidez, muito tempo sem estudar. Sim, o curso está contribuindo para minha formação, acredito que isso vai facilitar para falar em espaços acadêmicos. (Depoimento 3).

Me sinto intimada e pressionada a acertar, minha experiência na primeira e única faculdade que tive e ainda não concluí foi traumatizante. Alguns professores eram exigentes e eu terminei o ensino médio em 1998 e voltei para uma sala de aula em 2015, ou seja, muitas coisas básicas eu desconhecia. Minha primeira prova eu fui péssima e a professora ainda fez questão de ler a melhor prova e escrachar todo mundo porque poucas pessoas tinham ido bem. Dali em diante eu tremia ao escrever, não sei lidar com prazos e pressão. O curso tem sido incrível pra eu cada vez mais me ver como uma educadora em potencial, em constante aprendizado e que posso aprender e ensinar também. Que meus conhecimentos podem vir da academia mas também de outras formas de experiências, e que posso sim oralizar ou escrever algo "do meu jeito" e ensinar ou aprender do mesmo jeito (Depoimento 4).

Insegurança, autojulgamento. O ponto forte do espaço do curso é o clima de acolhimento e encorajamento, nos dando a certeza de que nossas colocações são importantes! (Depoimento 5).

Esse universo é completamente novo pra mim. Não me formei. Estudei até o segundo grau apenas. Esse curso chega como um chamado, uma vez que sempre tive vontade de fazer pedagogia. E também pelo meu processo de reconhecimento da minha negritude. O curso tem um conteúdo valiosíssimo, e tem despertado em mim o entendimento sobre a importância de a gente se instrumentalizar, pra somar à luta! Nos negam esse direito a vida inteira. E vocês sabiamente compartilham esses conhecimentos como uma forma de aquilombamento e emancipação. Como agradeço! (Depoimento 6).

Eu sempre fico apreensiva para me expressar, fico com medo dos julgamentos, de eu falar algo errado, dos olhares das pessoas. O Curso tem me ajudado muito, pois estar com mulheres pretas me deixa segura para eu me expressar e confiar mais em mim (Depoimento 7).

Como podemos constatar nos depoimentos coletados, o medo e a insegurança perpassam a vida dessas mulheres em espaços nos quais elas precisam se posicionar. Através das narrativas dessas mulheres negras e tomando como base o pensamento de Kilomba (2019), podemos compreender que o espaço acadêmico não é neutro, mas sim um ambiente historicamente branco, onde a fala tem sido negada para pessoas negras. As imagens de controle impregnadas no imaginário social sobre mulheres negras e, por diversas vezes, aquilo que se constrói durante nossa trajetória de vida acaba formulando pensamentos sobre nós, afirmando que não somos dignas de ocupar determinados espaços, os quais não seriam para nós.

Outro elemento observado nessas narrativas é que nossas histórias se encontram. Não é possível homogeneizar as mulheres negras, mas acabamos compartilhando sentimentos semelhantes, mesmo cada uma tendo suas trajetórias e subjetividades.

As cursistas sinalizaram a importância do curso para o fortalecimento de suas vozes e também para a superação dessa lógica de silenciamento presente nos espaços acadêmicos e escolares. Collins (2019) destaca a relevância de espaços seguros para a busca de voz das mulheres negras, e para isso nossa relação umas com as outras é fundamental. Esses espaços são importantes para combater as imagens de controle, para criar vínculos de solidariedade e também para a autodefinição dessas mulheres. O curso Pedagogia Feminista Negra constituiu esse espaço, pois nos sentimos seguras para compartilhar nossos pensamentos e dialogar sobre a produção acadêmica de mulheres negras com mulheres negras.

O medo de falar, segundo hooks (2019), é uma questão presente na vida de estudantes, especialmente de grupos oprimidos e explorados. Nós, mulheres negras, somos atravessadas pelo racismo e pelo sexismo. Isso afeta nossa vida de modo que historicamente nossas vozes têm sido silenciadas, e consequentemente carregamos traumas de experiências vividas no ambiente educacional e em outros espaços por onde transitamos. Quando esses lugares opressores reforçam cotidianamente que o nosso corpo não cabe ali, quando questionam e deslegitimam as nossas falas, acabamos por vezes internalizando a ideia de que realmente nossa voz não tem validade. A reconquista de voz é uma luta constante, é uma forma de resistência e fortalecimento. Através das aulas, das leituras compartilhadas no curso, das falas das professoras e das cursistas, fomos aos poucos nos sentindo seguras para nos expressar. Tudo isso contribui para se pensar uma outra proposta de pedagogia, que se alinha às vozes e produções de mulheres negras, conforme salienta hooks (2019, p. 118): "A minha esperança revolucionária que eu trago para a sala de aula é a de que ela se torne um espaço onde eles possam encontrar a voz".

Sobre a produção escrita, 67% das participantes responderam que sentem dificuldade em escrever, e 33% responderam que não. Para as primeiras, perguntamos como o curso contribuiu para o processo de escrita. Seguem alguns depoimentos:

> *Está contribuindo para eu entender que minha escrita, meus referenciais são válidos* (Depoimento A).

> *Tem atuado como motivador de minha escrita, interrompida faz 4 anos, desde o fim da graduação* (Depoimento B).

> *Minha maior dificuldade é transferir o pensamento para o papel, ao participar das aulas muito desse temor vem sendo desconstruído* (Depoimento C).

> *Tem contribuído no sentido de estimular reflexões muito distintas. Além disso, tem estimulado a busca de leitura de pessoas incríveis, que, com certeza, sem esse curso eu não teria conhecimento. A orientação da Profa. Carolina foi*

um momento muito especial. Somente em 15 min. ela me deu uma chacoalhada para a vida toda (Depoimento D).

Está fortalecendo a prática da escrita, inclusive com temáticas e espaços em que me reconheço (Depoimento E).

Estou no sétimo semestre de licenciatura em química pela UEFS e até hoje nunca me senti acadêmica, intelectual, ou pertencente àquele espaço. "Escrever artigo? Não... Isso não é pra mim", eu pensava. Ver mulheres pretas a cada aula nos motivando a escrever, entendendo que nosso lugar de fala é potente e único, e enxergar tantas possibilidades com os temas de cada encontro me mostrou que eu PRECISO escrever, ler e discutir autoras pretas no curso de pedagogia feminista negra tem me motivado a isso. Conhecer Carolina Pinho e saber que ela é professora da UEFS me deixou muito feliz. Fiquei pensando "COMO ASSIM ESSA MULHER INCRÍVEL É DA UEFS E EU NÃO CONHEÇO?" Sinto que é possível, que nós estamos aqui e que falaremos, mesmo que digam e produzam o contrário (Depoimento F).

Pela proposta do artigo, as orientações individuais e coletivas nas aulas também estão ajudando muito. Nunca na faculdade tive uma professora ou professor que explicasse com tanto amor como fazer um artigo, como a Carol e a Tayná. Elas são muito compreensivas e pacientes, isso faz toda a diferença (Depoimento G).

O contato mais direto e aprofundado com as intelectuais negras tem refletido na minha forma crítica de escrita, usando-a como meio e estímulo para a transformação social. Além do artigo, nesse meio tempo criei um grupo de estudo com as educadoras da escola onde trabalho para debatermos questões raciais. Esse fato me faz revisitar constantemente o conteúdo, refletir sobre e socializá-lo (Depoimento H).

Nunca escrevi um artigo na vida! Isso pra mim tem sido um grande desafio. Inicialmente parecia impossível começar! Mas o curso e a forma como vcs conduzem e nos dão acesso a essa didática toda, as orientações, todo conteúdo em si, faz tudo parecer mais simples do que a gente projeta. O sonho passa a parecer possível! (Depoimento I).

Escrever trabalhos acadêmicos sempre foi um espaço de muita dor, eu travo na escrita, acho que não vou dar conta, que o que eu escrevo não faz sentido. Através do Curso, eu tenho encarado a escrita com outro olhar, estou me sentindo mais confiante para escrever (Depoimento J).

As narrativas das cursistas sinalizaram que a metodologia proposta pelo curso fez diferença para o processo de produção escrita. Escrever é um ato que exige tempo, leitura e sistematização de conhecimentos. Porém, elementos externos, como os afazeres domésticos, o cuidado com filhos e familiares, a profissão, dentre outros, acabam se chocando com as demandas acadêmicas. Uma estrutura social alicerçada no patriarcado e em divisões sexistas do trabalho demanda mais das mulheres do que dos homens, e a experiência do racismo subjuga o trabalho imposto às mulheres negras. Assim, para nós, o ambiente acadêmico acaba não se separando das demandas do cotidiano. Além de toda a pressão imposta pela academia, lidamos ainda com as pressões sobre nosso corpo, que é lido como pronto para servir.

O curso foi realizado durante a pandemia do Covid-19 no ano de 2020, momento de isolamento social que acarretou uma sobrecarga ainda maior para as mulheres negras. Tivemos que lidar com pressões no trabalho, em casa, na universidade e nos espaços que ocupamos. Mas em meio a tantas pressões, o curso Pedagogia Feminista Negra surge como um lugar onde encontramos apoio, solidariedade, fortalecimento, conhecimento e possibilidades para trilhar outros caminhos. Mesmo diante de tudo que a pandemia gerou na nossa vida e no nosso estado psicológico, encontramos um espaço virtual para nos aquilombar e desenvolver a confiança nas nossas vozes e escritas.

Motivar a escrita de mulheres negras é traçar novos caminhos, é encontrar outras possibilidades de ser e existir. A universidade acaba reforçando a ideia de que discentes estão lá para aprender e obedecer à autoridade, mas a pedagogia radical inclui perspectivas críticas e/ou feministas (hooks, 2020). O curso promoveu o fortalecimento da escrita das cursistas a partir do critério de avaliação adotado: a produção de um artigo científico. Isso estimulou em nós a capacidade de escrever, transformando os espaços de dor, angústia e ansiedade em espaços de possibilidades. Por fim, seguem algumas falas sobre a avaliação do curso:

> *Curso histórico!* (Depoimento A1).

> *Excelente, maravilhoso e nos ajuda a conhecer e transgredir nossas histórias* (Depoimento B2).

Avalição positiva, como instrumento de fomento à escrita de mulheres negras, de romper com estereótipos, de escuta e de segurança (Depoimento C3).

O Curso de Extensão Pedagogia Feminista Negra é oportuno e inovador em sua proposta, objetivos, metodologia e em sua abrangência. Nesse momento de isolamento social, conseguiu reunir mulheres que estão geograficamente afastadas em torno de interesses comuns: conhecer, discutir, entender e se apropriar da produção de feministas negras para fortalecer práticas de educação que contribuam para a construção de um outro mundo, possível! Que venham outras edições! Que mais mulheres possam ter a oportunidade de fazer esse curso! Que essa experiência sirva de base para outros projetos, um programa de formação, uma linha de pós-graduação. Sou eternamente agradecida! Axé! (Depoimento D4).

É maravilhoso! Nunca participei de um lugar tão acolhedor e enriquecedor ao mesmo tempo. Estou amando, leio todos os textos e não vejo a hora de chegar o dia da aula. É muito bom, me sinto verdadeiramente acolhida. O curso, pra mim, é um ato de amor da Carol e da Tayná. Parabéns e que ele continue muitos e muitos anos! Axé! (Depoimento E5).

O curso é perfeito, algo que eu nunca havia visto na UEFS (Depoimento F6).

De grande importância p/ fundamentação e ampliação de conhecimento. Coloca à tona o quanto precisamos repensar

> *o nosso fazer pedagógico numa perspectiva de contribuir para a inserção da pedagogia feminista negra nas escolas e universidades* (Depoimento G7).

> *As discussões foram essenciais para compreender a prática docente, e como posso utilizar esse repertório em sala de aula, na vida e na academia, ou seja, é um novo olhar sobre o mundo. Além disso, o curso possibilitou uma comunicação aberta e compreensiva entre os indivíduos e isso foi fundamental* (Depoimento H8).

As narrativas sinalizam a urgência de pensar outras abordagens para o contexto educacional. O curso contribuiu para o fortalecimento das nossas vozes e escritas, promovendo o engajamento na produção da pedagogia feminista negra, um tema ainda em aberto no Brasil.

UMA PAUSA NA NOSSA CONVERSA

É chegada a hora de concluir nosso diálogo. Não no sentido de encerrar porque já dissemos tudo que era para ser dito, mas no sentido de permitir que outras vozes ecoem a partir desta escrita e de todos os ensinamentos proporcionados pelo curso Pedagogia Feminista Negra. Assumo minha voz de autora aqui na conclusão, escrevendo em primeira pessoa, para dizer o quanto esse curso foi importante para cada uma de nós.

Este texto não se configura como um lugar onde falo por e para mulheres negras, mas como um espaço construído a partir do diálogo com essas mulheres, pois a narrativa de cada uma possibilitou a finalização desta escrita. Não só as respostas do questionário, mas também cada partilha, as narrativas durante as aulas, as contribuições das professoras foram essenciais. Nossas questões e soluções são pensadas na coletividade, compreendendo que a voz de cada uma é necessária e que, quando falamos, não falamos sozinhas, mas a partir das vozes de tantas outras que ecoam na nossa.

Podemos constatar a importância do curso para a autodefinição de nós, mulheres negras, para o fortalecimento de nossas vozes, de nossas redes de apoio, para o encorajamento mútuo. Nós nos encontramos na luta, nos aquilombamentos afrodiaspóricos. Sigamos propagando todos os ensinamentos aprendidos no curso Pedagogia Feminista Negra! É necessário levar a proposta de alinhamento à pedagogia feminista negra a cada sala de aula e espaço pedagógico para que possamos construir novas possibilidades civilizatórias em cada dia mais lugares. Saliento a necessidade de mais produções e cursos como este, que rompam com a colonialidade e com a perspectiva hegemônica de produção do conhecimento e que considerem as produções de grupos subalternizados como projeto de justiça social.

Encerro agradecendo às professoras Carolina Santos B. de Pinho e Tayná Victória de Lima Mesquita, que pensaram, organizaram e estiveram o tempo todo nos auxiliando. Vocês têm ideia da revolução que fizeram? Às professoras que passaram pelo curso e plantaram sementes que já estão germinando: Keisha Khan-Perry, Joice Berth, Luciana Alves, Edilza Sotero, Flávia Rios, Magali Mendes, Maria Clara Araújo, Erica Lorraine Willians, Bárbara Carine Soares Pinheiro, Ana Carolina Dartora e Edite Maria da Silva Faria. A todas as cursistas que partilharam narrativas, experiências e conhecimentos. Sigamos firmes! “Companheira, me ajude, que eu não posso andar só! Eu sozinha ando bem, mas com vocês ando melhor.”

Rívia de Jesus Santos é feminista preta, baiana, graduada em Pedagogia pela Universidade de Uberaba (Uniube) e em Ciências Sociais pela Universidade Estadual de Santa Cruz (Uesc), mestre em Educação pela (Uesb/Vitória da Conquista), doutoranda em Ciências Sociais pela Pontifícia Universidade Católica do Rio de Janeiro (PUC/RJ). É professora de Sociologia, integrante do Oju Obìrín – Observatório de Mulheres Negras (Uesb), sócia da Associação Brasileira de Pesquisadores/as Negros/as (ABPN).

Contato: riviajsantos@gmail.com

REFERÊNCIAS

ADICHIE, Chimamanda Ngozi. *O perigo de uma história única*. São Paulo: Companhia das Letras, 2019.

BUENO, Winnie. *Imagens de controle*: um conceito do pensamento de Patricia Hill Collins. Porto Alegre: Zouk, 2020.

COLLINS, Patricia Hill. Aprendendo com a outsider within: a significação sociológica do pensamento feminista negro. *Sociedade e Estado*, Brasília, v. 31, n. 1, p. 99-127, 2016.

COLLINS, Patricia Hill. *Pensamento feminista negro*: conhecimento, consciência e política do empoderamento. São Paulo: Boitempo, 2019.

HOOKS, bell. Intelectuais negras. *Estudos Feministas*, Rio de Janeiro, v. 3 n. 2, p. 464-478, 1995.

HOOKS, bell. Erguer *a voz*: pensar como feminista, pensar como negra. São Paulo: Elefante, 2019.

HOOKS, bell. *Ensinando a transgredir*: a educação como prática da liberdade. São Paulo: WMF Martins Fontes, 2020.

KILOMBA, Grada. *Memórias da plantação*: episódios de racismo cotidiano. Rio de Janeiro: Cobogó, 2019.

MARCHA DAS MULHERES NEGRAS. *Documento analítico e Declaração contra o racismo, a violência e pelo bem viver*. Brasília: 2015. Disponível em: https://bit.ly/3lvaWqc. Acesso em: 1º out. 2021.

MOREIRA, Núbia Regina. *A organização das feministas negras no Brasil*. 2. ed. Vitória da Conquista: Edições UESB, 2018.

PINHO, Carolina Santos Barroso de. Pensamento feminista negro no Brasil: uma contribuição necessária para a transformação da realidade. *Margem Esquerda*, São Paulo, v. 31, p. 114-121, set. 2018.

PINHO, Carolina Santos Barroso de. Pensamento feminista negro como orientação teórico metodológica de uma pedagogia revolucionária. *In*: PINHO, Carolina Santos Barroso de; MESQUITA, Tayná Victória de Lima. *Pedagogia Feminista Negra*: primeiras aproximações, 2021. No prelo.

O FEMINISMO NEGRO NA PRÁTICA POPULAR

Magali Mendes

A tecnologia ainda é pouco presente na vida das mulheres negras brasileiras. Por isso, apesar de me sentir lisonjeada com o convite para ministrar uma das aulas do primeiro curso de extensão Pedagogia Feminista Negra, em 2020, falando como feminista negra, promotora legal popular, Ekedji no Candomblé de Ketu e educadora popular, me deparei com o grande desafio de me preparar para transmitir on-line experiências que se deram off-line.

O desafio foi muito gratificante porque, além de organizar pensamentos e práticas que durante anos realizo com mulheres negras do campo popular e, mais recentemente, com negras universitárias e mulheres privadas de liberdade, me fez também acreditar que seria necessário mexer um pouco com os sentimentos das participantes desse curso on-line oferecido por uma universidade pública, pois o fato de eu não ser acadêmica me permitiria realizar a atividade proposta com mais liberdade.

Meu objetivo então foi me aproximar o máximo possível das mulheres que me assistiam e ouviam, uma vez que nosso contato seria através da tela do computador, notebook ou celular, e assim possibilitar acolhimento, afeto e trocas que gosto de levar nas atividades presenciais. Para isso dividi meu tempo provocando-as de algumas formas para que pudessem pensar que, mesmo sendo diversas e estando distantes, temos ancestralidade, histórias, referências, lutas e acima de tudo responsabilidade com o presente e o futuro das populações negras e pobres do Brasil e do mundo.

Iniciei a aula apresentando meu ponto de vista sobre a importância de um curso de pedagogia feminista negra para nossa organização, passando pela minha história, e em seguida propus uma dinâmica. Por fim, explanei o projeto Promotoras Legais Populares (PLPs), sua articulação com o feminismo negro e os desdobramentos possíveis.

O percurso realizado na aula ministrada é o mesmo que organizei para este capítulo. Trata-se de um percurso marcado pela atuação de uma mulher negra periférica que se pauta pelo feminismo negro e pela necessidade de superar o capitalismo.

A IMPORTÂNCIA DE UM CURSO SOBRE PEDAGOGIA FEMINISTA NEGRA PARA O MOVIMENTO DE MULHERES NEGRAS E OUTROS MOVIMENTOS SOCIAIS

Reconhecemos como fundamental a organização de espaços exclusivos de mulheres negras brasileiras a partir das décadas de 1980 e 1990. Como desdobramento desse período, se constituiu um movimento específico: o Movimento de Mulheres Negras, que é crescente e contribui de forma decisiva para a atuação da militância negra feminina em setores como trabalho, educação, direitos humanos, saúde, bem como nos feminismos e nos movimentos negros. O Movimento de Mulheres Negras segue estimulando, de forma crescente e em várias áreas, ações, estudos e pesquisas relevantes para o enfrentamento dos problemas que a sociedade capitalista impõe.

Refletir entre nós e em um curso específico sobre a forma histórica, política e cotidiana como se deram e se dão a aprendizagem, as trocas, os erros e acertos coletivos das mulheres negras é muito importante para que nossas lutas contra o racismo, o machismo e a pobreza avancem. Sabemos que, se estamos vivas, se hoje nos visibilizamos nacionalmente, o fizemos através da nossa organização coletiva, de estratégias que precisamos pensar a partir da realidade colocada para a maioria das mulheres negras brasileiras – as humanas mais violentadas no que diz respeito a garantias de direitos.

Na minha compreensão militante, quando as professoras Carolina B. de Pinho e Tayná Mesquita se propõem organizar um curso de extensão universitária com essa temática, dentro de uma instituição pública, e têm como retorno 1.500 inscrições, alguma coisa está mudando. Na minha leitura, estamos no caminho do que Angela Davis afirma: "Quando a mulher negra se movimenta, toda a estrutura da sociedade se movimenta com ela"[1]. Trata-se

1. Fala de Angela Davis em conferência realizada na Universidade Federal da Bahia (UFBA) em 25 de julho de 2017. Para assistir à gravação da conferência na íntegra, acesse: https://bit.ly/3n0suvj.

de deslocar as bases para que a estrutura toda se mexa. Então se estamos aqui, sejamos estudantes, militantes, pesquisadoras ou apenas curiosas, é porque no fundo queremos mudar a realidade da maior parte do Brasil, que é composta por mulheres negras.

Para que essa mudança aconteça, precisamos nos responsabilizar por nossa vida e pelas vidas futuras, entendendo também que a teoria e a prática devem caminhar juntas. Neste sentido, é necessário destacar que, principalmente nos últimos vinte anos, negras de várias partes do mundo, inclusive do Brasil, têm se esforçado para sistematizar a teoria em torno da resistência e da luta de povos oprimidos. Essa teoria nos potencializa no combate contra o racismo, o patriarcado, a sociedade de classes e a forma como estes elementos atuam em nossa vida, comprometendo, entre outros âmbitos, nossa saúde mental. Sendo assim, devemos aceitar o desafio de ler e discutir essas teorias para poder utilizá-las na guerra pela sobrevivência das mulheres, das pessoas LGBTQIA+ e das populações não brancas do mundo.

Parabenizo as coordenadoras deste curso pela ousadia e pela contribuição. Acredito que precisamos somar forças para que cursos como este, num futuro próximo, se mantenham como extensão, mas também avancem para a grade curricular, como disciplinas obrigatórias em todas as universidades públicas brasileiras.

UMA FEMINISTA NEGRA POPULAR

Acima de tudo, sou uma feminista negra, uma educadora popular no cotidiano e uma promotora legal popular que tem se dedicado a pensar com outras mulheres como mudar a realidade que o racismo, o machismo e o capitalismo nos impõem. Busco pensar e praticar o acolhimento e o socorro às necessidades cotidianas que a violência de gênero, a fome, a falta de políticas públicas trazem para nossa vida e, somado a isso, o sofrimento mental que esse sistema perverso muitas vezes nos causa.

Para enfrentar tudo isso, só a energia ancestral nos ajuda. Por isso sou há quase trinta anos uma mulher do Candomblé de Ketu[2], não por acaso filha de Orixá feminina, Yabá. Dentro da hierarquia do Candomblé sou Ekedji, um cargo destinado apenas a mulheres. Nós, as Ekedjis, quando nascemos para nossa religião já nascemos Mães, já nascemos com responsabilidades e com autoridade, porém esta deve sempre ser acompanhada de humildade. Para o Candomblé, humildade não é entendida como submissão e sim como forma de desempenhar nosso papel sem arrogância.

Religiosamente somos cuidadoras dos Orixás e daquilo que a Casa dos Orixás necessita; cuidadoras de nossos irmãos de fé. Tenho muito orgulho disso. O cuidar para mim não é apenas um ato. O cuidado se configura como um prazer, principalmente quando sabemos do que cuidamos e para que o fazemos. Como religiosas, essa perspectiva já nos diferencia da visão ocidental.

Partindo dessa premissa é que retomo a definição de feminista negra e popular. Saliento que não entendo o

2. Candomblé Ketu é a maior e mais popular "nação" do candomblé, uma das religiões afro-brasileiras, tendo origem nas tradições dos povos da região Ketu (situada na atual República do Benim), incluídos entre os iorubás.

feminismo como algo puramente acadêmico, tampouco como um movimento exclusivo de mulheres brancas de classe média. Acredito que seja nosso papel dialogar e convencer cada mulher negra e popular que, por nossa luta cotidiana em busca de direitos, igualdade entre homens e mulheres, humanidade, somos todas feministas.

Também reconheço a potência dos movimentos negros e, no interior deles, a importância das mulheres. Os homens negros devem ser nossos aliados prioritários nessa luta, pois nós os geramos e, de alguma forma, eles fazem parte de nossa família e também são violentados pelo racismo, que os mata diariamente. No entanto, precisamos ficar atentas, pois estar com homens negros não significa tolerar nenhum tipo de violência de gênero, nem que devemos acumular as tarefas. Significa estar lado a lado, o que muitas vezes nos exige criar tensões e, na prática, isso é muito produtivo.

Acredito também que esses dois movimentos cometeram e cometem erros com relação à realidade das mulheres negras. Para mim, o principal erro está em nos invisibilizar enquanto agentes de transformação. Isso deve ser superado à medida que nos levantamos, nos fazemos presentes e disputamos espaços políticos.

Sendo assim, esse momento nefasto que vivemos no Brasil e em todo o mundo, no qual o racismo, o machismo, a lesbofobia, a transfobia e outras formas de violência tomam dimensões abertas de guerra, com o avanço assustador da extrema direita, é também um momento singular para que nós, mulheres negras, tomemos em nossas mãos a responsabilidade de pensar e agir coletivamente para superar os problemas que o sistema capitalista nos criou.

Precisamos ter tranquilidade, entender qual é nosso papel nessa luta e nos dispor a contribuir da melhor forma, nos juntar, aquilombar, trocar, ouvir, pensar e agir coletivamente. Antes de tudo, não podemos nos iludir com a ideia de que esse sistema econômico incluirá os setores marginalizados, pois o capitalismo só visa lucro. Não há nada de humano nesse sistema, já que ele só se sustenta através da exploração individual e coletiva, em cima das divisões, das diferenças, da crença na superioridade e na inferioridade, na desumanização de indivíduos e grupos.

Nós, mulheres negras, temos que ter como princípio a perspectiva de outro sistema econômico e social, de aquilombamento, de outra forma de viver em que todas tenham seus direitos garantidos e assim possamos nos unir a outras pessoas em uma vida com dignidade, com a nossa humanidade reconhecida por nós mesmas e pela sociedade.

Sei que muitas de nós já estão cansadas, pois lutamos desde que nascemos. Mas para que o mundo se transforme, necessitamos continuar em luta, afinal, mais do que nunca, a nossa existência feminina e negra está em risco.

DINÂMICA VIRTUAL PARA PENSAR NOSSAS HISTÓRIAS E REFERÊNCIAS

Para reconhecer nossa existência e resistência, nas atividades educativas que participo, proponho uma dinâmica, repetida no curso Pedagogia Feminista Negra. O exercício consiste em remeter o pensamento às mulheres negras (com exceção da mãe) que de forma positiva fizeram parte da vida de cada pessoa presente, seguindo estas instruções:

1) Feche lentamente os olhos e se abrace, olhando para dentro de si.
2) Lembre-se da sua infância e de uma mulher negra que, por algum motivo, a marcou positivamente. Pense nas características dessa mulher. O que te chamava a atenção nela? O que achava melhor nela?
3) Pense em uma mulher negra que te marcou na adolescência ou juventude? O que te chamava atenção ou o que te marcou dessa mulher?
4) Por último, pense agora na vida adulta. Busque uma mulher negra que te marcou ou que você admira. Pense na característica que te chama atenção nessa mulher.
5) Abra os olhos e termine seu abraço lentamente.
6) Foi fácil ou difícil encontrar essas mulheres? Pergunte-se o porquê dessa dificuldade ou facilidade.

Esse exercício costuma provocar depoimentos e diálogos, muitos deles ligados à ausência de referências positivas de mulheres negras mesmo para outras mulheres negras. Algumas participantes se emocionaram e, em síntese, o objetivo foi alcançado. Podemos concluir que é necessário valorizar os espelhos negros femininos que temos. Podemos também ser essas mulheres, esse espelho, na vida de meninas e jovens negras da atualidade.

É necessário valorizar as mulheres negras que não correspondem à expressão midiática. Na prática, essas são as mulheres que nos marcam. E, se por ventura, elas não passaram por nossa vida, foi por responsabilidade desse sistema que aniquila nossas imagens. Assim, para nos fortalecer, precisamos fortalecer a imagem das mulheres negras cotidianas, seus saberes e perspectivas coletivas.

O PROJETO/MOVIMENTO PROMOTORAS LEGAIS POPULARES

O projeto PLPs está no Brasil desde 1992, quando feministas brasileiras participaram do Seminário Internacional do Comitê Latino-Americano e do Caribe para a Defesa dos Direitos da Mulher (Cladem), realizado no Chile. Nesse seminário, as brasileiras presentes conheceram uma formação em direitos para mulheres populares que já acontecia em alguns países da América Latina, dentre eles Peru, Argentina e o próprio país-sede do evento.

No Brasil, existia uma grande necessidade de formação política em direitos para mulheres populares, pois em 1988 – ano da Assembleia Nacional Constituinte, ou da Constituição Cidadã, como alguns gostam de chamar – houve grande mobilização nacional para a pauta das mulheres, o que determinou avanços significativos no texto geral, nas conquistas da classe trabalhadora e nos direitos das mulheres. Porém, sabemos que mesmo após a aprovação da Constituição muitos direitos ainda não estavam garantidos. A categoria das trabalhadoras domésticas, por exemplo, não foi totalmente contemplada; treze direitos não foram abordados pela Constituição, e depois desse processo houve muita dificuldade para que as mulheres não militantes conhecessem os novos direitos garantidos por lei. Nesse contexto, a proposta de formação popular em direitos para mulheres se encaixava na necessidade das brasileiras.

A União de Mulheres de São Paulo, em diálogo com a ONG Themis do Rio Grande do Sul, realizou um primeiro evento para pensar na possibilidade de implementar o projeto no Brasil. Em 1992 aconteceu um seminário na cidade de São Paulo e, a partir daí, instaurou-se a Formação Popular e Feminista em Direito. No Rio Grande do Sul, a implementação ocorreu ainda no ano de 1992; na cidade de São Paulo, no ano seguinte; e na cidade de Campinas, interior de São Paulo, em 1996. Nesta última, além da formação para mulheres em geral, realizamos também, em parceria com o Coletivo Interseccional de Mulheres Negras Lélia Gonzalez, a Universidade Estadual de Campinas (Unicamp) e a Fundação Prof. Dr. Manoel Pedro Pimentel de Amparo ao Preso (Funap), uma formação de PLPs direcionada a mulheres em situação de cárcere.

Hoje o projeto se transformou em movimento, e estimamos que as PLPs atuam em 25 estados da Federação e no Distrito Federal. Só no estado de São Paulo, estamos em cerca de 35 cidades, com uma demanda crescente, e contamos com uma Coordenação Estadual formada pela representação do projeto nas cidades e uma Carta de Princípios que orienta nossas ações.

É importante salientar que, de julho a setembro de 2021, participamos de um curso de formação nacional para coordenadoras e, como resultado, fundou-se a Rede Nacional de Promotoras Legais Populares. O curso foi organizado pelas coordenadoras do projeto em Brasília e entorno, contando com a participação de coordenadoras de todo o país.

No Brasil, nossa formação dura em torno de 4 a 12 meses. Convencionamos nos chamar de promotoras legais populares por nos entender como mulheres acolhedoras que multiplicam e lutam por direitos; mulheres que, a partir das realidades e necessidades, ouvem outras mulheres, repassam informações a elas para estimulá-las a reagir à violência buscando e exigindo seus direitos, entendendo como direito aquilo que está estabelecido na lei ou na vivência familiar e social.

As PLPs são autônomas, não são ideologicamente de direita e buscam sempre fazer formações a partir das realidades das mulheres. O público-alvo das ações das PLPs são as mulheres que têm menos acesso à justiça e aos equipamentos públicos, mas a formação é aberta a todas. Por isso, nessas formações existem desde pessoas analfabetas até aquelas com mais escolaridade. A compreensão interna ao projeto/movimento prima por não estabelecer hierarquias, sejam relacionadas à escolaridade, profissão, idade ou etnia.

Nessas formações, estimulam-se todas as mulheres a falar, a ouvir e reagir, a compreender outras mulheres nas suas diferentes fases, ações, nas diferenças étnicas, nas questões culturais e sociais. É um momento de acolher e informar, com a perspectiva de lutar juntas contra todo tipo de violência.

A organização das PLPs acontece a partir da realidade possível nos territórios, nas cidades, estabelecendo alianças com outros movimentos sociais, parcerias com profissionais de diversas áreas ou negociações com instituições públicas como universidades ou ONGs. As articulações com o Poder Executivo e as financiadoras têm sido muito cautelosas, pois muitas vezes há tentativa de cooptar o projeto e transformá-lo em política pública. Além disso, as agências de fomento, em alguns casos, impõem temáticas que nem sempre são a prioridade para a ação.

A formação de uma PLP não é uma política pública, ao contrário, ela nasce dos movimentos feministas e deve contribuir para que as mulheres coloquem o dedo na ferida e cobrem políticas públicas que as beneficiem e contemplem outras mulheres e famílias. Sendo assim, quando uma mulher se torna uma PLP, ela deve estar convicta de que é feminista e, como tal, incomodará o poder público. Este tem sido perverso com as mulheres pobres em geral e com as negras e indígenas em específico, praticando o machismo, o racismo e a divisão de classes sociais no âmbito institucional.

O curso promovido pelas PLPs resgata princípios da educação popular, pois parte de bases emancipatórias e dos conflitos que surgem na disputa por um campo de poder, especialmente pelo poder das mulheres negras de dirigirem sua própria vida rumo a um futuro digno. As ações das PLPs têm como ponto de partida a realidade social e, por isso, se pautam na práxis educativa popular. São princípios adotados no mundo todo e citados como orientadores do trabalho pedagógico que parte do pensamento feminista negro e que, por isso, se relaciona com o esforço coletivo de elaboração teórica que constitui o que chamamos de pedagogia feminista negra.

O PROJETO PROMOTORAS LEGAIS POPULARES E SUA ARTICULAÇÃO COM O FEMINISMO NEGRO

Na maioria das vezes que dialogamos com um público específico de mulheres negras, surge a dúvida sobre como é possível, num país racista, que mulheres negras e brancas convivam num projeto. Outras dúvidas comuns são sobre nossa metodologia ao tratar da questão racial brasileira, e se nos cursos promovidos pelas PLPs existe racismo.

Acreditamos que, para responder essas perguntas, é preciso pensar se estamos sozinhas no mundo, se podemos resolver sozinhas a complexidade dos problemas que esse sistema econômico e social nos impôs e se queremos de fato reagir e eliminar o racismo. Pensando nisso, é sempre bom lembrar que homens negros e mulheres não negras que expressam o desejo de um mundo justo e igual devem ser nossos aliados.

Se por um lado questionamos a condução que historicamente foi dada aos movimentos feminista e negro, por outro lado, muitas de nós nascemos politicamente dentro desses movimentos, e isso nos dá o direito de intervir neles.

Pensamos também que o esforço realizado por intelectuais negras para teorizar as questões que envolvem as mulheres negras no Brasil e no mundo deve subsidiar nossas argumentações onde estivermos.

Diante disso, podemos argumentar que ser feminista negra e PLP nos permite estar e permanecer em locais que os setores públicos e organizados pela sociedade civil não alcançam ou onde não estão presentes. E nossa linguagem e ações, por serem acessíveis, têm possibilidade de atingir um número maior de mulheres e assim estimulá-las à organização coletiva.

Além disso, como PLPs e negras temos a responsabilidade de dialogar com outras mulheres a partir do cotidiano de cada uma, que na maioria das vezes é a realidade imposta pelo capitalismo, pelo racismo e pelo machismo na versão perversa da pobreza, do feminicídio, da violência doméstica, sexual, obstétrica, educacional, policial... Enfim, violências que colocam em risco nossa vida, a vida de nossos filhos, de nossos companheiros e companheiras, a nossa existência futura.

A tensão interna que por vezes causamos ou sentimos ao falar de racismo, ao disputar ideologicamente espaços deve tornar-se pequena diante das possibilidades que abrimos quando dialogamos com mulheres não negras.

Acreditamos que o feminismo negro deve estar em todos os lugares, não fechado em si mesmo, tampouco limitado a objeto de análise. O feminismo negro precisa ser vivo e atuante, deve fazer e se avaliar, deve ser propositivo e coletivo. Articulado com o movimento das PLPs, o feminismo negro nos dá a oportunidade de dialogar entre nós e também com o mundo, de não esperar, de fazer, de protagonizar, de dizer o que queremos para todas sem esquecer de nenhuma mulher oprimida, como nossas irmãs indígenas, ciganas, ribeirinhas, caiçaras, de comunidades tradicionais de terreiro. O feminismo negro nos oportuniza uma luta coletiva de todas mulheres socialmente invisíveis, incluindo as prostitutas, as transgêneras, aquelas em situação de cárcere ou de rua e tantas outras.

Acreditamos que a luta por direitos e contra privilégios deve nos unir. Desvendar o que é direito e o que é privilégio deve se tornar uma arma potente para que possamos ter êxito nessa guerra que vivemos.

O QUE PODEMOS FAZER POR NÓS?

Eles combinaram de nos matar.
Nós combinamos de não morrer.
Conceição Evaristo

Como a nossa vivência se articula de forma concreta com a solução das questões que envolvem as mulheres negras no cotidiano de pobreza, racismo, machismo e outras formas de violência?

Ao fazer o roteiro e essa pergunta para conversar com as mulheres participantes do curso Pedagogia Feminista Negra para Promoção de Novos Marcos Civilizatórios, me veio à cabeça que nós, mulheres negras, temos feito muita coisa. Lembrei de algumas ações e intervenções femininas negras das décadas de 1980 e 1990; do Encontro de Mulheres Negras rumo a Pequim, realizado no Colégio Bennet, no Rio de Janeiro; do Encontro dos Povos Negros das Américas, no Memorial da América Latina, em São Paulo, do 2º Encontro de Mulheres Negras Latino-Americanas e Caribenhas na Costa Rica. Nesse último evento, algumas intervenções foram fundamentais para desencadear o processo coletivo de pautar as mulheres negras nas Américas e no mundo.

Entre as decisões tomadas estavam visibilizar e ampliar coletivamente a realidade das mulheres negras e definir o dia 25 de julho como Dia da Mulher Afro-Latino-Americana e Afro-Caribenha, promovendo ações de nossos países. Acreditamos que isso vem sendo feito de forma crescente. No Brasil, 25 de julho tornou-se também Dia de Tereza de Benguela, possibilitando a recuperação da história de mulheres negras por tantos anos sufocadas. Surgiram grupos de mulheres negras em toda a América Latina e no Caribe, bem como se ampliaram os estudos sobre essas mulheres no mundo.

Sabemos que isso ainda não é suficiente. Precisamos nos engajar e trazer mais mulheres para que possamos transformar nossa realidade, pois seguimos sendo violentadas e mortas de forma crescente, estamos cada dia mais pobres, mais encarceradas, e nossos filhos são assassinados diariamente pelo tráfico e pelas polícias. Quando falamos em mulheres transgêneras, as negras são as que sofrem mais violência e as que mais se encontram em situação de rua.

Necessitamos transformar a luta das trabalhadoras domésticas brasileiras, que em sua maioria são negras e pobres, em uma das pautas prioritárias do feminismo negro e popular, pois esse trabalho faz parte da história de milhares de mulheres negras. E o fato de esse ser o lugar onde o racismo nos coloca não nos impede de lutar para que quem executa esse trabalho (hoje cerca de 8 milhões de mulheres) o faça dentro de condições humanas, com contratos e salários dignos, preservando a saúde e com condições salubres.

Nesse sentido, é impossível não perceber por que a primeira pessoa a morrer de Covid-19 no Brasil foi uma mulher negra e trabalhadora doméstica. É impossível não pensar em racismo e na desvalorização de vidas negras quando uma criança negra cai de um prédio e morre.[3]

Para além dos traumas pessoais – e não estou aqui negando a existência deles, com o machismo, o racismo e a pobreza afetando nossa saúde mental –, é nítido que existem

---

3. Refiro-me ao episódio que culminou com a morte de Miguel Otávio Santana da Silva, criança negra de 5 anos, filho da empregada doméstica Mirtes Renata Santana de Souza. A criança caiu do nono andar do prédio em que Mirtes trabalhava, em Recife, quando estava sob responsabilidade da patroa da mãe, Sari Mariana Costa Gaspar Côrte Real, que deixou o menino acessar o elevador sozinho e ir até outro andar em busca da mãe. O caso aconteceu em 20 de junho de 2020, no mesmo dia em que a Emenda Constitucional nº 72, conhecida como "PEC das Empregadas Domésticas" completou 5 anos desde a sua publicação.

mulheres negras das quais pouco ou nada falamos, por exemplo, aquelas com deficiência física, as idosas, as vítimas do tráfico internacional de pessoas, entre outras. Precisamos falar sobre essas humanas, precisamos pesquisar e agir sobre essas realidades. E agir de forma coletiva, trocando experiências acerca de questões que a sociedade põe debaixo do tapete. A teoria para nós não pode ser só instrumento de análise. Ela deve potencializar nossa luta para transformar a realidade de 44% da população feminina do Brasil, que somos nós, as mulheres negras. Precisamos fortalecer a ideia de que somente juntas teremos capacidade de transformar nossa realidade e contribuir para que o Brasil e o mundo sejam lugares melhores de se viver.

Asé e luta!

Magali Mendes é promotora legal popular (PLP) e integrante da Associação de PLPs Cida da Terra de Campinas e Região. Ex-presidenta do Conselho de Direitos Humanos e Cidadania de Campinas, integrante do Quilombo Urbano OMG (Oziel, Monte Cristo e Gleba B). Membra da União Nacional das Ekedes (Undeke).

Contato: magali.mendes2011@gmail.com

A FORMAÇÃO DE MULHERES NEGRAS NO ENSINO SUPERIOR: A EXPERIÊNCIA DA SPELMAN COLLEGE

Erica Lorraine Williams

Fui convidada a participar como professora do curso de extensão Pedagogia Feminista Negra pela Dra. Carolina Santos B. de Pinho. O curso foi oferecido pelo Departamento de Educação da Universidade Estadual de Feira de Santana/Bahia. Minha aula aconteceu no dia 14 de outubro de 2020, através do Google Meet, como parte do Módulo II – Prática pedagógica e resistência feminista negra: experiências transformadoras.

Como uma norte-americana que aprendeu a falar português na universidade e em intercâmbio no Brasil, foi um prazer ter a oportunidade de falar em português para um grupo de mulheres negras professoras brasileiras. Neste breve ensaio vou apresentar minha trajetória como uma norte-americana que tem feito pesquisas no Brasil e também como uma professora da Spelman College – uma faculdade criada e voltada para as mulheres negras. Aqui reflito sobre algumas práticas pedagógicas que tenho desenvolvido em minha carreira de professora e antropóloga, e também sobre o lugar do feminismo e dos estudos *queer* numa faculdade de mulheres negras. Neste percurso pretendo indicar caminhos para uma solidariedade transnacional entre mulheres negras que pautam e lutam por transformações sociais.

Muitas pessoas sempre me perguntam como eu acabei falando português e morando um tempo no Brasil. Sou uma mulher negra dos Estados Unidos. Sou oriunda de uma família negra sem muitos recursos financeiros na Carolina do Norte, um estado que fica no Sul do país. Eu fui a primeira pessoa na minha família a ir à faculdade. Entrei para a Universidade de Nova York (NYU) e morava com meu pai no bairro predominantemente negro e latino de Harlem, porque o custo de morar nas residências universitárias era caro demais. Um dia, no segundo ano da universidade, uma amiga me convidou à Parada de Independência do Brasil, no dia 7 de setembro, que acontece a cada ano no bairro Little Brasil. Quando fui, vi e ouvi o som e os movimentos do samba pela primeira vez. Essa dança chamou minha atenção – eu queria aprender a sambar! A partir desse momento, decidi aprender mais sobre o Brasil. Tive aulas de dança e também li muitas coisas sobre o Brasil. Quando soube que a Bahia tinha uma grande população negra e preservou sua herança africana, eu quis mais do que tudo viajar para lá. Assim, fiz um plano para fazer intercâmbio no Brasil por um semestre antes de me formar na universidade. Depois de alguns anos, finalmente, em janeiro de 2001, peguei um avião para São Paulo, onde fiquei por cinco semanas para estudar português, história e cultura do Brasil na Universidade de São Paulo (USP). Depois viajei para Salvador, onde fiquei por seis meses para estudar antropologia na Universidade Federal da Bahia (UFBA).

Minha experiência na Bahia foi transformadora. Não só aprendi a me expressar em outra língua e participei do meu primeiro Carnaval, mas também tive a oportunidade de ver de perto o impacto duradouro do racismo, do sexismo e do classismo na sociedade baiana. Antes de ir para a Bahia, eu pensei que a maioria numérica dos negros na população também significaria mais poder político e econômico para negros e negras. Mas depois de um tempo morando lá – principalmente por estar hospedada com uma família branca que tinha uma empregada doméstica negra –, aprendi que a realidade da Bahia era bem diferente. Além disso, esta viagem despertou algo em mim, e eu soube que queria passar mais tempo morando no Brasil.

Minha relação com este país se aprofunda nas minhas produções acadêmicas sobre o turismo sexual. A inquietação com o assunto começou na primeira viagem a Salvador em 2001. Fiquei surpresa ao ver muitas mulheres negras jovens com homens europeus mais velhos. Um dia fui à praia com minha amiga, outra negra norte-americana, e um grupo de turistas italianos puxou conversa em português conosco. Depois de cinco minutos, eles nos convidaram para seu hotel! Chocadas, eu e minha amiga passamos a falar em inglês, e eles disseram: "desculpe, não sabíamos que vocês eram americanas, pensamos que vocês eram brasileiras!" Este momento me fez pensar: qual ideia eles têm sobre as mulheres brasileiras, particularmente as mulheres pretas e pardas, para pensar que nós os acompanharíamos para seu hotel depois de cinco minutos de conversa? Estas perguntas cresceram na volta aos Estados Unidos, quando cada vez que eu falava para um homem heterossexual que eu tinha morado um tempo na Bahia, ele comentava com entusiasmo e um grande sorriso: "ah, eu ouvi falar das mulheres de lá!" Por que será que muitos homens pensam que toda mulher brasileira está disponível?

Alguns anos depois entrei no programa de Doutorado em Antropologia Cultural na Universidade Stanford. Em 2005 voltei à Bahia para fazer pesquisa preliminar sobre o turismo sexual. Estudei esse assunto de 2005 até 2009. Em 2013 publiquei o livro *Sex Tourism in Bahia: ambiguous entanglements,* fruto da minha pesquisa de campo para a tese de Doutorado em Antropologia Cultural. No livro destaquei que a Bahia é divulgada nas propagandas turísticas no exterior como a terra da magia, da sensualidade, da cultura negra e do prazer. A indústria de turismo baiana utiliza a produção cultural negra para "vender" a Bahia no exterior. Seguindo a antropóloga negra americana Angela Gilliam, a comodificação da cultura afro-brasileira como "símbolo da Bahia" liga-se intimamente à construção dos estereótipos sobre a sexualidade da mulher negra e do homem negro que perpetuam o turismo sexual (Gilliam, 2001, p. 173-174). Existem cartões postais da Bahia com imagens da bunda de mulheres negras na praia, vestindo biquínis minúsculos, assim como há imagens de homens negros fortes e musculosos jogando capoeira, e das "mulatas" sambando (Pinho, 2004; Sansone, 2003).

Em artigo na revista *Marie Claire,* Heloísa Helvécia (2003) afirma que "[...] Do período colonial até esta economia global, a caricatura da brasileira fogosa funciona como marketing da dominação". A socióloga Maria Lúcia Leal, em declaração no mesmo artigo, diz que "a sexualidade está mercantilizada. O estereótipo da morena caliente está vendendo como nunca" (Helvécia, 2003).

No meu livro, busquei compreender a relação entre o turismo sexual e a comercialização da cultura negra como uma atração turística na Bahia. Procurei analisar como raça, gênero, sexualidade e economia política estão ligados em turismo sexual. Algumas conclusões foram que: 1) o turismo sexual não é restrito à prostituição, pois também envolve relações ambíguas que não consistem em troca de dinheiro; 2) como resultado da erotização da cultura negra na indústria do turismo, turistas sexuais são atraídos para a Bahia tanto pelas aventuras eróticas quanto pelas práticas culturais negras. Para a coleta de dados, utilizei métodos etnográficos, que consistem em entrevistas semiestruturadas, busca de material publicitário com as imagens da Bahia que são divulgadas e levantamento de relatórios sobre o turismo local. Também fiz observações em alguns dos principais pontos turísticos de Salvador, como o Porto da Barra e o Centro Histórico. Observei ainda as atividades turísticas como shows de dança folclórica, aulas de dança, percussão, capoeira, *city tours*, cybercafés, bares e restaurantes. Fui voluntária do Centro Humanitário de Apoio à Mulher (Chame), e participei dos encontros semanais da Associação das Prostitutas da Bahia (Aprosba). Entrevistei turistas, guias turísticos, prostitutas e profissionais de ONGs envolvidas em campanhas contra o turismo sexual.

Em 2013, lancei um novo projeto de pesquisa sobre a militância de feministas negras na Bahia, que se concentra na agência, autonomia e no ativismo de mulheres negras brasileiras. O projeto segue a vida e as trajetórias de mulheres negras ativistas feministas na Bahia, documentando os tipos de organização, projetos e campanhas em que estão envolvidas, especialmente quando enfrentam os desafios das crises políticas e econômicas dos últimos anos. Esse estudo é único também porque explora os papéis que a sexualidade e a religiosidade desempenham na mobilização política das mulheres negras. Atualmente estou no processo de escrever o livro baseado nessa pesquisa, que será intitulado *Construindo os feminismos afro-brasileiros: o ativismo das mulheres negras no Nordeste do Brasil*. O livro descreve a história de feminismos negros no Brasil e o movimento de mulheres negras no país e na Bahia em particular.

Um dos capítulos vai se concentrar em como as feministas negras na Bahia – muitas das quais são adeptas do candomblé – utilizam os símbolos da espiritualidade diaspórica africana e a *ancestralidade* como fonte de força e resistência. As feministas negras ativistas na Bahia usam suas conexões e o conhecimento como herança, cultura e religiosidade africana para confrontar os desafios desta conjuntura política. Outro capítulo vai se concentrar em como as feministas negras que se identificam como bissexuais ou lésbicas negociam suas identidades interseccionais à medida que se engajam no ativismo. Na sequência pretendo descrever as recentes mobilizações e manifestações feministas de rua no Brasil para oferecer um exemplo etnográfico de como as feministas ativistas negras têm confrontado a mudança do país em direção ao conservadorismo e ao autoritarismo, e também como elas têm se adaptado às novas circunstâncias políticas no país. Outro capítulo vai explorar como jovens feministas negras usaram as ferramentas digitais para articular e expressar seu ativismo. Também vou investigar as estratégias que as feministas negras brasileiras usam para combater imagens estereotipadas da sexualidade das mulheres negras e como elas alistam uma rede transnacional de solidariedade para apoiar sua causa. Finalmente, um capítulo descreve como as feministas negras da Bahia usam a palavra *aquilombar* como um verbo para significar que elas estão se unindo em um quilombo metafórico para reunir força para combater o racismo, o sexismo e a lesbofobia. Ou seja, *aquilombar-se* é uma estratégia política que responde aos desafios sociais, políticos e econômicos no Brasil. Agora que resumi um pouco da experiência na Bahia e da minha trajetória intelectual, vou falar sobre a minha instituição: Spelman College.

SPELMAN COLLEGE

Desde 2009 sou professora do Departamento de Sociologia e Antropologia da Spelman College. É um lugar muito especial para as mulheres negras, porque é uma faculdade historicamente criada para nós. Nos Estados Unidos há 101 faculdades e universidades para negros (HBCUs), muitas delas fundadas na época de segregação[1]. Há 34 faculdades somente para mulheres, mas só existem duas faculdades voltadas para mulheres negras – a Spelman College, em Atlanta, Geórgia, e a Bennett College, em Greensboro, Carolina do Norte[2]. A Spelman foi fundada em 1881 por duas mulheres

1. NATIONAL CENTER for education statistics, "Historically Black Colleges and Universities", https://bit.ly/3mFSnz5.

2. "Women's colleges in the United States", https://bit.ly/3apmzZD.

brancas batistas do estado de Massachusetts, Sophia Packard e Harriet Giles[3], e tem aproximadamente 2.100 alunas de 43 estados e dez países estrangeiros. Quanto à sua missão,

> Spelman College, uma faculdade historicamente negra e um líder global na educação das mulheres de descendência africana, é dedicada à excelência acadêmica nas artes liberais e ciências e ao desenvolvimento intelectual, criativo, ético e de liderança de suas alunas. A Spelman capacita a pessoa integralmente para envolver as muitas culturas do mundo, e inspira um compromisso com uma mudança social positiva[4].

Desde o princípio, a Spelman teve dez presidentes[5]. As primeiras quatro presidentes foram mulheres brancas; o quinto e o sexto foram homens negros (Alberto Manley e Donald Stewart), e a sétima foi finalmente uma mulher negra – Dra. Johnnetta B. Cole. Depois da Dra. Cole, as últimas três presidentes foram mulheres negras também – Audrey Manley, Beverly Daniel Tatum, e Mary Schmidt Campbell.

---

3. Spelman College. "History in brief", https://bit.ly/2YxSdSO.

4. Spelman College. "At a glance", https://bit.ly/2X2gIq8. No original: "*Spelman College, a historically Black college and a global leader in the education of women of African descent, is dedicated to academic excellence in the liberal arts and sciences and the intellectual, creative, ethical and leadership development of its students. Spelman empowers the whole person to engage the many cultures of the world and inspires a commitment to positive social change*" (tradução minha).

5. Spelman College. "Past presidents", https://bit.ly/3aw8AkB.

A Dra. Cole, uma antropóloga, foi presidente da Spelman College de 1987 até 1997.

FACULDADE HISTORICAMENTE PARA AS MULHERES NEGRAS QUER DIZER UMA FACULDADE FEMINISTA?

Em entrevista publicada em um jornal de antropologia feminista, a Dra. Cole comentou que: "As alunas de Spelman College, como muitas alunas de cor, acharam a antropologia feminista envolvente, importante e convincente quando não foi definido como feminista"[6] (Heyward-Rotimi 1998, p. 5).

Isso me faz lembrar algo que aconteceu na sala de aula nos primeiros anos da minha carreira na Spelman College. Eu ensinava um curso chamado *African Diaspora and the World* (A Diáspora Africana e o Mundo). Foi um curso de dois semestres obrigatório para todas as alunas no primeiro ano. Um dia, estávamos discutindo os papéis importantes de mulheres negras no movimento para direitos civis nos EUA, quando perguntei para as alunas: "quantas de vocês se identificam como feministas?" Em uma classe de trinta alunas, só uma levantou a mão! Fiquei chocada. Eu não entendia como uma sala cheia de mulheres negras que optaram por cursar uma faculdade para mulheres negras não se identificavam como feministas! Infelizmente, o fato é que algumas mulheres negras, principalmente as mais jovens, pensam no

---

6. No original: "*Spelman students, like many students of color, found feminist anthropology engaging, important, and convincing when it was not defined as feminist*" (tradução minha).

feminismo como uma coisa da mulher branca. Para mim, este nunca foi o caso.

Minha jornada no feminismo começou no segundo ano de universidade, quando tive uma aula sobre a história afro-americana com o estimado professor negro Robin D. G. Kelley. Apesar de ser homem, ele abraçou uma perspectiva feminista no seu ensino. Um dos livros obrigatórios da classe foi o de Paula Giddings, *When and where I enter: the impact of black women on race and sex in America* (Quando e onde entro: o impacto das mulheres negras em raça e sexo na América, 1984). Este livro tratou a história de negros nos EUA centrando-se nas experiências de mulheres negras. A segunda etapa da minha jornada foi um intercâmbio na Spelman College, quando tive uma aula de Teoria Feminista com a Dra. Beverly Guy-Sheftall. Ela ensinou um livro chamado *Words of fire: an anthology of African American feminist thought* (Palavras de Fogo: uma antologia de pensamento feminista afro-americana, 1995), que é uma coleção de ensaios feministas de mulheres negras desde os anos 1800! Essa aula foi minha introdução ao feminismo, através da perspectiva negra. Em outras palavras, desde o princípio aprendi sobre a longa história de mulheres negras que articulavam pensamento feminista, por isso nunca vi o feminismo como uma coisa de branca em que as mulheres negras entraram depois.

Naquele dia na sala de aula, eu estava perplexa. Aprendi que, assim como na Bahia, a maioria numérica de pessoas negras não significava que essas estavam numa boa posição na sociedade. Também na Spelman College uma maioria numérica de mulheres negras interessadas em capacitação não significava que a faculdade era um espaço feminista.

A Spelman tem a honra de abrigar o Women's Research and Resource Center (WRRC), fundado pela Dra. Beverly Guy-Sheftall em 1981. Agora temos os arquivos de escritoras negras famosas, como Audre Lorde, Toni Cade Bambara e Johnnetta B. Cole. Mas podemos ver um exemplo da relação conflituosa que a Spelman tem com o feminismo na história recente. Em 1976 a professora Ruby Sales, historiadora e ex-ativista do Student Nonviolent Coordinating Committee (Comitê de Coordenação não Violento dos Estudantes, SNCC)[7], convidou a poeta lésbica negra Audre Lorde para falar em Spelman College sem nenhum apoio institucional. Audre Lorde talvez tenha sido a primeira lésbica assumida a falar na Spelman College. Infelizmente, algumas pessoas a trataram friamente e não gostaram de ela ter falado abertamente sobre sexualidade. Por causa disso, Audre Lorde jurou que nunca mais voltaria à Spelman. Contudo, voltou em 1988, quando a presidente Dra. Johnnetta B. Cole a convidou e conseguiu convencê-la. Audre Lorde não só voltou a falar, mas também deixou seus arquivos na Spelman College, quando faleceu de câncer em 1992[8].

A Dra. Beverly Guy-Sheftall e o WRRC também têm promovido a inclusão de pessoas LGBTQIA+ na Spelman College. Um exemplo é o Projeto Audre Lorde, de 2006 a 2011, com apoio financeiro da Arcus Foundation. No artigo "*Breaking the silence at Spelman College and beyond*", Guy-Sheftall

---

7. SNCC foi uma organização do movimento negro para os direitos civis nos anos 1960.

8. A presidente Johnnetta B. Cole teve um papel importante em convencer Audre Lorde a doar seus arquivos para a Spelman College. Para ler mais sobre isto, veja o artigo de Cole "Audre Lorde: my shero, my teacher, my sister friend", no livro *I am your sister* (2009).

(2012) descreve os objetivos e as duas fases do projeto. Na segunda fase, uma equipe visitou onze campi de HBCUs para investigar o clima social para estudantes, professores e funcionários da comunidade LGBTQ. Em 2011, o WRRC sediou um encontro histórico chamado *Facilitating Campus Climates of Pluralism, Inclusivity, and Progressive Change at HBCUs*, com apoio financeiro da Arcus Foundation. Também publicou um Summit Resource Guide[9]. Esse encontro examinou o clima institucional sobre diversidade, inclusão, gênero e sexualidade nos HBCUs. Depois do encontro, o WRRC formou o *LGBTQ Faculty Curriculum Development Committee*, um grupo de professores que discutem como integrar leituras sobre gênero e sexualidade em nossos cursos.

Em 2017, Guy-Sheftall lançou o *Dr. Levi Watkins Jr. Scholars Program*, em honra de seu primo falecido. O Dr. Watkins foi um médico negro gay, e o programa concede duas bolsas de estudo para alunas que defendem a causa LGBTQIA+. O programa também oferece uma série de palestras que explora questões contemporâneas de raça, gênero e sexualidade. No mesmo ano, a Spelman afirmou sua aceitação de alunas transgêneras, implementando uma nova política de admissão para incluir alunas trans. Em 2018, foi fundado o Institute for the Study of Gender and Sexuality, que fornecerá treinamento intensivo para o corpo docente e workshops de currículo de verão sobre maneiras de incorporar estudos de gênero e sexualidade nas disciplinas. Os treinamentos

9. O Summit Resource Guide descreve a história do ativismo LGBTQ nos campi HBCUs. Howard University foi a primeira HBCU a ter uma organização LGBTQ, em 1980. Agora, 26 dos 103 HBCUs têm organizações LGBTQIA+.

começaram com o corpo docente da Spelman e depois serão expandidos para incluir professores de outras faculdades, como Morehouse College, Clark Atlanta University e outras instituições do United Negro College Fund (UNCF).

ESTUDOS DE MULHER E DE SEXUALIDADE EM HBCUS

Para promover conversar críticas sobre sexualidade, primeiramente é preciso que as instituições tenham um compromisso com o feminismo negro e os estudos sobre a mulher negra. Com esse objetivo, foram desenvolvidos estudos *queer* nos campi de HBCUS. Esta foi uma ideia que o professor Roderick Ferguson (2011, p. 113) argumentou que "um interesse curricular no feminismo negro deve ser institucionalizado para transformar os HBCUs em espaços com um clima intelectual que pode envolver os membros negros da comunidade LGBTQ". O autor continua, afirmando que os estudos da mulher negra "foram os primeiros a incorporar análises da sexualidade *queer* em Estudos Negros" (2011, p. 69-70). Ferguson defende que, se os HBCUs vão embarcar no projeto de transformação institucional para serem mais abertos e inclusivos para estudantes, corpo docente e funcionários LGBTQ, eles primeiro devem se comprometer com as "ideias de feminismo negro" (Williams, 2013b).

Acho isso importantíssimo! Como uma professora feminista negra antropóloga, procuro chamar minhas alunas para o feminismo como parte das minhas práticas pedagógicas. O feminismo negro é uma lente útil para ver o mundo e entender melhor as dinâmicas que nos afetam. As alunas daquela aula onde só uma levantou a mão para se assumir como feminista pensaram ser injusto que as mulheres negras do movimento civil tenham feito tanto trabalho e não tenham sido reconhecidas. Todas elas queriam ser mulheres empoderadas, tanto que escolheram frequentar uma faculdade só para mulheres, mas por algum motivo não se identificaram como feministas. Acredito que precisamos mudar isso. No meu trabalho intelectual quero construir pontes entre o feminismo negro brasileiro e o dos Estados Unidos. Penso que temos de aprender mais sobre os desafios e as lutas de mulheres negras em outras partes do mundo para ter solidariedade transnacional e seguir os passos de uma pedagogia feminista negra deve ser um grande passo rumo a isso.

Erica Lorraine Williams é professora de Antropologia e chefe do Departamento de Sociologia e Antropologia na Spelman College. Fundada em 1881, Spelman College é uma faculdade criada e voltada para as mulheres negras. Erica é mestre e doutora em Antropologia Cultural pela Stanford University e graduada em Antropologia e Estudos da Diáspora Africana pela New York University. Fez intercâmbio no Brasil em 2001, onde estudou na USP e na UFBA. Em 2013, publicou o livro *O turismo sexual na Bahia: envolvimentos ambíguos*, ganhador do prêmio de melhor livro da Associação Nacional de Estudos sobre a Mulher, promovido pela Editora da Universidade de Illinois. Seu atual projeto de pesquisa enfoca a militância das mulheres negras na Bahia e o feminismo negro.

Contato: ewilli29@spelman.edu

REFERÊNCIAS

COLE, Johnnetta B. Audre Lorde: my shero, my teacher, my sister friend. *In*: BYRD, Rudolph; COLE, Johnnetta Betsch. (ed.). *I am your sister*: collected and unpublished writings of Audre Lorde. New York: Oxford University Press, 2009. p. 231-237.

FERGUSON, Roderick. The lateral movies of African American Studies in a Period of Migration. *In*: HONG, Grace Kyungwon; FERGUSON, Roderick A. *Strange affinities*: the gender and sexual politics of comparative racialization. Durham: Duke University, 2011. p. 113-130.

GIDDINGS, Paula. *When and where I enter*: the impact of black women on race and sex in America. New York: William Morrow, 1984.

GILLIAM, Angela. A black feminist perspective on the sexual commodification of women in the new global culture. *In*: MCCLAURIN, Irma. (ed.). *Black Feminist Anthropology*: theory, politics, praxis, and poetics. New Brunswick: Rutgers University Press, 2001. p. 150-186.

GUY-SHEFTALL, Beverly. *Words of Fire*: an anthology of African American feminist thought. New York: The New Press, 1995.

GUY-SHEFTALL, Beverly. Breaking the silence at Spelman College and beyond. *Diversity and Democracy*, Washington, v. 15, n. 1, 2012.

HELVÉCIA, Heloísa. O crime invisível. *Marie Claire*, São Paulo, ano 150, set. 2003.

HEYWARD-ROTIMI, Kamela. Perspectives of black feminist anthropology: an interview with Dr. Johnnetta B. Cole. *Voices*, [*S. l.*], v. 2, n. 2, p. 1-5, 1998.

NATIONAL CENTER FOR EDUCATION STATISTICS. *Historically Black Colleges and Universities*. Disponível em: https://bit.ly/3mFSnz5. Acesso em: 1º out. 2021.

PINHO, Patrícia de Santana. *Reinvenções da África na Bahia*. São Paulo: AnnaBlume, 2004.

SANSONE, Lívio. *Blackness without ethnicity*: constructing race in Brazil. New York: Palgrave, 2003.

SPELMAN COLLEGE. *History in brief*. Disponível em: https://bit.ly/2YxSdS0. Acesso em: 1º out. 2021.

SPELMAN COLLEGE. *At a glance*. Disponível em: https://bit.ly/2X2gIq8. Acesso em: 1º out. 2021.

SPELMAN COLLEGE. *Past presidentes*. Disponível em: https://bit.ly/3aw8AkB. Acesso em: 1º out. 2021.

WILLIAMS, Erica. *Sex Tourism in Bahia*: ambiguous entanglements. Urbana-Champagn: University of Illinois Press, 2013a.

WILLIAMS, Erica. Women's studies and sexuality studies at HBCUs: The Audre Lorde Project at Spelman College. *Feminist Studies,* Nova York, v. 39, n. 2, p. 520-525, 2013b.

WOMEN'S Colleges in the United States. Disponível em: https://bit.ly/3apmzZD. Acesso em: 1º out. 2021.

WOMEN'S RESEARCH AND RESOURCE CENTER. *Facilitating Campus Climates of Pluralism, Inclusivity, and Progressive Change at HBCUs*: Summit Resource Guide. Atlanta: WRRC, 2011.

RECONHECER-SE NEGRA: A CONSTRUÇÃO DE UMA SUBJETIVIDADE EM LUTA

Carolina Aparecida Gonçalves

Mujer Negra

Todavía huelo la espuma del mar que me hicieron atravesar.
La noche, no puedo recordarla.
Ni el océano podría recordarlo.
Pero no olvido al primer alcatraz que divisé.
Altas, las nubes, como inocentes testigos presenciales.
Acaso no he olvidado ni mi costa perdida, ni mi lengua ancestral.
Me dejaron aquí y aquí he vivido.
Y porque trabajé como una bestia,
aquí volví a nacer.
A cuánta epopeya mandinga intenté recurrir.
Me rebelé.
Su Merced me compró en una plaza.

Bordé la casaca de Su Merced y un hijo macho le parí.
Mi hijo no tuvo nombre.
Y Su Merced murió a manos de un impecable lord
inglés.
Anduve.
Esta es la tierra donde padecí bocabajos y azotes.
Bogué a lo largo de todos sus ríos.
Bajo su sol sembré, recolecté y las cosechas no comí.
Por casa tuve un barracón.
Yo misma traje piedras para edificarlo,
pero canté al natural compás de los pájaros nacionales.
Me sublevé.
En esta misma tierra toqué la sangre húmeda
y los huesos podridos de muchos otros,
traídos a ella, o no, igual que yo.
Ya nunca más imagine el camino a Guinea.
¿Era a Guinea? A Benín? ¿Era a Madagascar? ¿O a
Cabo
Verde?
Trabaje mucho más [...].

Morejón (1979)

Me gritaron negra

De hoy en adelante no quiero
laciar mi cabello
No quiero
Y voy a reírme de aquellos,
que por evitar -según ellos-
que por evitarnos algún sinsabor
Llaman a los negros gente de color

¡Y de qué color!
NEGRO
¡Y qué lindo suena!
NEGRO
¡Y qué ritmo tiene! [...]
Al fin
Al fin comprendí
AL FIN
Ya no retrocedo
AL FIN
Y avanzo segura [...]
¡Negra soy¡

Rojas Benavente (2011)

Uma dúvida que me assombrou e por vezes ainda me espreita e domina meus pensamentos é a incerteza sobre eu ter algo a dizer. Minha existência, em muitos momentos, se restringiu ao silêncio – uma personagem constituída quase como parte do cenário da vida de outras. A inexistência, a negação de mim, fora o meu porto seguro diante do cotidiano que insistia a cada novo nascer do sol. O meu lugar de fala se restringia a um debate comigo mesma sobre o que havia compreendido das relações travadas a cada dia; dúvidas quanto ao que eu ouvia, percebia e mesmo sentia. Esse redemoinho muitas vezes me avassalou de modo a desconstruir qualquer tentativa de ser. O meu eu racional se prendia às explicações e teorias sobre os dilemas clássicos, como as contradições entre indivíduo e sociedade, e meu lugar como classe trabalhadora e mulher não branca.

Como Grada Kilomba alerta, "o sujeito negro chega à conclusão de sua privação no mundo conceitual branco"

(2019, p. 236). Contudo, esse processo de sistematização dos espaços de silenciamento na sociedade racista ainda estava apenas no campo do sentir. O distanciamento de mim se tornara um pressuposto necessário para enfrentar as opressões que sucessivamente se delineavam na relação com o outro. Como bell hooks (1995), o distanciar-me de mim, mais que a constituição de uma posição analítica como instrumento de apreensão e crítica da realidade social imposta a mim, tornara-se o meio para suportar os sofrimentos desde a minha infância, numa família constituída por união inter-racial de dois jovens. A delimitação de meu lugar de fala não foi uma questão por muitas décadas, uma vez que me acostumei a ser mais um objeto do cenário da vida de outros.

A concepção de classe social apresentou-se primeiro como instrumento analítico de minha realidade. Não havia margem de dúvida: sou membro da classe trabalhadora, pois meu único meio de sobrevivência é a venda da minha força de trabalho. Com a chegada dos 20 anos, a questão sobre a posição da mulher numa sociedade de classes emergiu com um estrondo que abalou os meus frágeis pilares. Sim, sou mulher, e isto implica uma determinada posição nas minhas relações tanto pessoais quanto institucionais. Naquele momento, eu era uma universitária que havia se deparado com um mundo que jamais – e isto persiste até hoje – fora engendrado para receber e incorporar mulheres como eu. A universidade pública surgiu como uma miragem quase inacessível. As minhas iguais não estavam sentadas ao meu lado na sala de aula ou exercendo a função de intelectuais, como professoras. Ao contrário, o lugar delas se resumia a uma jornada de trabalho duro na limpeza de um espaço que negava suas existências, a ponto de serem lembradas apenas quando o café não estava pronto ou o banheiro não estava limpo.

Segundo Lélia Gonzalez (1982), o lugar da mulher negra na sociedade brasileira representa a perpetuação da sua posição na sociedade escravocrata. Havia mulheres negras que exerciam o trabalho nas plantações, conhecidas como "escravas do eito", enquanto a mucama era responsável pelo andamento da casa-grande, ou seja, "lavar, passar, cozinhar, fiar, tecer, costurar, amamentar as crianças nascidas do 'ventre livre' das sinhazinhas" (Gonzalez, 1982, p. 93), assim como era obrigada a lidar com as imposições sexuais do senhor branco. Este cenário se desdobra na identificação da mulher negra com a "prestação de serviços domésticos junto às famílias das classes média e alta da formação social brasileira". Quando não ocupa a função de empregada doméstica, a mulher negra é posta em "serviços de baixa remuneração nos supermercados, nas escolas ou nos hospitais, sob a denominação genérica de 'servente'" (Gonzalez, 1982, p. 97-98). Lélia destaca que o que cabe às mulheres negras é o desemprego ou a ocupação em postos de trabalho intermitentes.

Angela Davis (1981; 2016) também destaca que, no período pós-escravatura, grande parte das mulheres negras que trabalhavam no campo se deparou com a imposição de se tornar trabalhadora doméstica. O desdobramento deste modo de inserção da mão de obra negra feminina é a sujeição dessas mulheres a condições de vida miseráveis no que se refere à habitação, saúde e educação, realidade já denunciada por Lélia.

Era assim que a universidade e suas personas legítimas esbravejavam sutilmente o meu não lugar. E minha resposta se resumia em me despojar de mim – uma violência que me alienava de meu cabelo, de minha ancestralidade e de minha história. Reconhecer-me negra não era possível, mas eu sabia que não era uma mulher branca. Minha vida se deslocava no tempo, contudo, o meu eu permanecia objeto. Não havia lugar de fala para mim. Eu não conhecia Carolina Maria de Jesus (1995) – mulher negra, mãe, catadora de papel, favelada; autora de sua história, escrita em cadernos considerados lixo pelos membros da sociedade paulistana. Ela arrebatou para si o lugar de fala e fez da escrita seu instrumento de denúncia de como a sociedade brasileira reduzia negros e negras a objetos dispensados em um quarto de despejo: a favela.

Eu já havia, por fim, assumido meu cabelo crespo depois de 22 anos de tentativas falhas de tornar-me algo que eu não era, cujo resultado apenas fora me alienar de minha marca racial. Nesta tentativa de nos tornarmos o "outro" branco, segundo a interpretação das relações raciais feita por Frantz Fanon (1970; 1983), temos o fenômeno da identificação do dominado com o dominador, estendendo-se desde a linguagem até a conformação do corpo e a absorção de ideais que nos rebaixam a uma raça inferior ante a sociedade branca.

Mas esta consciência de raça ainda não estava fundamentada para mim. Minha identidade como mulher negra de pele clara não existia. Conformada a uma existência desprovida de vontade e marcada pela tentativa do não ser, a identificação como mulher negra nunca fora algo inteligível. Não obstante, Angela Gilliam e Onik'a Gilliam (1995) ressaltam a especificidade do cabelo crespo como expressão do entrelaçamento de gênero e raça, como marcador desta última e elemento significativo para a mulher negra. Esta dimensão política e social da mulher negra que afronta a sociedade com seu cabelo crespo permanecia desconhecida para mim. Quando Angela e Onik'a nos informam acerca do cabelo crespo como locus principal da luta de raça para as milhares de mulheres negras das Américas, suas vozes ainda não ecoavam na minha vida.

A contradição entre ter a pele clara e os traços de minha ancestralidade negra tornava ambígua minha identificação como tal. O enfrentamento desta questão se deu quando recebi o convite para um debate acerca do feminismo negro na universidade onde eu cursava a segunda graduação. Meu objetivo se resumia em aprender com aquelas mulheres negras suas demandas dentro dos feminismos. Mais uma vez me colocava no papel de observadora restrita a ouvir, sem a pretensão de tomar uma posição de fala.

Minha primeira visão foi uma roda de várias mulheres negras com idades, profissões, estilos, opiniões e concepções de mundo diferentes, cujo objetivo era debater as contribuições do pensamento feminista negro. O ponto de partida posto por aquelas mulheres, as quais até aquele momento ainda se apresentavam como estranhas à minha realidade, foi a experimentação da vida como mulher negra, a objetivação de diferentes processos de racialização, por meio da oralização de nossa história – e digo "nossa" porque a cada elemento novo relatado eu me via sob a pele daquelas mulheres negras. Foi uma eclosão de sentimentos e, ao mesmo tempo, um rompimento de lucidez no que diz respeito à minha própria história.

Patricia Hill Collins (1986; 1990; 2016) destaca que o pensamento feminista negro se constituiu com base em algumas premissas. A primeira refere-se à impossibilidade de separar estrutura e conteúdo temático de pensamento das condições materiais e históricas que moldam a vida de suas produtoras (Collins, 2016, p. 101). A segunda premissa consiste na concepção de que as mulheres negras defendem uma perspectiva singular sobre suas experiências, as quais apresentam elementos específicos e compartilhados pelo grupo. Apesar da existência de aspectos compartilhados, o fato de viver como uma mulher negra implica também uma variedade de experiências marcadas pela classe social, pela idade, pela orientação sexual e pelo pertencimento a dada região geográfica. Por fim, Patricia afirma que mesmo com o pressuposto do ponto de vista das mulheres negras, o pensamento feminista negro fundamenta-se na produção de fatos e teorias acerca da experiência das mulheres negras cujo objetivo é propor interpretações sobre a condição feminina da mulher afro-americana.

Naquele momento de troca de experiências, muitas delas resgatadas com lágrimas e sofrimento, as premissas sistematizadas por Patricia quanto à produção do pensamento feminista negro concretizaram-se na fala das mais diversas histórias daquelas mulheres negras. A voz, que por diversas vezes foi silenciada ainda no nascer, irrompeu diante da necessidade de me colocar como mulher negra. Pela primeira vez pude compartilhar minha história com mulheres que não reprovariam minhas escolhas (supostamente erradas) nem deixariam de enxergar as inúmeras marcas engendradas pelo racismo sobre a minha existência.

O primeiro processo para tornar-se negra remete imediatamente à reivindicação elementar do estatuto de sujeito humano. Trata-se de superar as abordagens teóricas e o pensamento de que os negros são objetos e, portanto, mercadorias, seres desprovidos de "alma". O próximo desafio a enfrentar consistiria na identificação de pessoas negras como pardas – um rótulo de diferenciação que serve a quem? Antes, o que significa ser parda? Essa palavra remete a quais origens? O termo define quem é produto da miscigenação. Para Gabriel García Márquez, o Gabo, a palavra "mestiçagem" significa misturar as lágrimas com o sangue que corre (1994). Na busca por compreender a construção da categoria "pardo" no Brasil, retomei as contribuições de Hebe Mattos e Ana Lugão Rios (2005, p. 17) sobre a especificidade das relações raciais no pós-abolição nas Américas. Hebe (2000) explica que a categoria "pardo" era recorrente no final do período colonial e apresentava um significado mais abrangente que as categorias "mulato" ou "mestiço". O termo pardo era utilizado inicialmente em referência à pele mais clara de algumas pessoas escravizadas, o que por vezes apontava para uma ascendência europeia. O significado de pardo ampliou-se quando foi necessário definir uma crescente população que não cabia mais nas classificações de "preto" ou "crioulo", uma vez que estas categorias sustentavam socialmente a condição de escravizado e ex-escravizado. Para Hebe (2000), a consolidação da categoria "pardo livre" decorre da

> [...] emergência de uma população e uma população livre de ascendência africana – não necessariamente mestiça, mas necessariamente dissociada, já por algumas gerações, da experiência mais direta do cativeiro (Mattos, 2000, p. 17).

Tornar-se pardo, para a autora, era também uma condição linguística, cujo significado era expressar uma nova realidade que prezava por uma formação distante do estigma da escravidão ao mesmo tempo que assegurasse a memória da escravidão e de suas restrições civis. O pardo emerge como categoria de diferenciação entre a população escravizada e a liberta, como também se consolida como categoria de discriminação diante da população branca. Ser pardo expressa a mancha de sangue que carrega a memória do cativeiro, como as autoras destacam. A escravidão é base de hierarquias e posições sociais negociadas a partir da diferenciação entre os fenótipos segundo a cor da pele, associada às circunstâncias sociais. Dito de outro modo, a diversidade de processos de racialização da mulher negra no Brasil ocorre devido às distinções da cor da pele e dos traços fisionômicos.

A problematização da categoria "pardo" intersecciona-se com a crítica à ideologia do branqueamento. Ambas concorrem para o processo contínuo de esquecimento de nossa história e anulação da identidade racial do povo negro. A ideologia do branqueamento foi articulada inicialmente por Oliveira Viana (1956; 1959), um dos ideólogos da eugenia racial no Brasil. Lélia Gonzales (1984, p. 223-244) aponta que Oliveira Viana, enquanto homem crioulo, foi um dos principais responsáveis pelo discurso científico acerca da hierarquização das raças. Tal ideologia nos cobra a não aceitação do que somos, a não aceitação do negro.

Sobre o perigo da categoria "pardo" para a luta contra as opressões impostas ao povo negro, retomo minha trajetória. Reconhecer-me como mulher negra se tornou um processo de luta pela construção de uma subjetividade autêntica perante minha ancestralidade. Isto porque, como informam Angela e Onik'a (1995), no Brasil as mulheres negras se deparam com a necessidade de negociar sua subjetividade diante da conceitualização da mulata brasileira. A posição subjetiva e a autodefinição da mulher negra são negociadas a partir da interpretação do outro quanto à forma do cabelo, ao tom de pele e à classe social.

Enquanto Angela e Onik'a focam no conceito de mulata como mediador da subjetividade da mulher negra, faz-se necessário destacar, ante a primazia da categoria "pardo" e a submissão da subjetividade da mulher à definição do outro, os apontamentos de Sueli Carneiro (2004) quanto à composição da variedade cromática da negritude. Para Sueli, o racismo aprisiona a figura do negro em imagens fixas e estereotipadas. Enquanto a branquitude é considerada diversa e multicromática, a negritude é posta em questão. A variedade cromática das famílias negras decorre do processo de miscigenação e do estupro sistêmico de nossas antecessoras, ou seja, independe da existência de um casamento inter-racial de primeiro grau. Tal variedade tornou-se a base do enfraquecimento da identidade racial do negro. Para Sueli, isso gera divisões raciais no interior das famílias negras.

A fuga da negritude empreendida por mim ao me definir como parda, diante das dúvidas sobre a minha identidade racial como mulher negra, não impediu meu sofrimento nos contextos racistas. Para Aline Djokic (2015), a variedade cromática inerente à população negra fundamenta o colorismo ou a pigmentocracia. Este termo foi apresentado, segundo Aline, pela primeira vez por Alice Walker (1983). Refere-se à discriminação pela cor da pele, ou seja, a tonalidade dela se torna o parâmetro para definir o tratamento que a sociedade dispensa a pessoas afrodescendentes. Aline ressalta que, no

Brasil, a conformação do colorismo apresenta uma especificidade: os aspectos fenotípicos associados à ancestralidade africana influenciam no processo de discriminação. Assim, a pele clara e os traços fenotípicos aproximados daqueles identificados com a branquitude possibilitam uma parcial aceitação destes negros pela sociedade racista.

Entretanto, isso não implica integração na sociedade. As pessoas negras, para romper com situações de exclusão e ter acesso a determinados espaços, são obrigadas a se camuflar, por exemplo, alisando o cabelo crespo. Angela e Onik'a afirmam que o ato de alisar o cabelo representa para a mulher negra a alienação estética do próprio corpo. Esse processo é disseminado a ponto de, segundo Aline, "o colorismo criar a ilusão da inserção de toda população negra". As situações de racismo eram compreendidas por mim como discriminação de classe. Ao me reconhecer negra, a partir do compartilhamento de experiências com outras mulheres negras, a compreensão dos contextos de opressão tornou-se possível apenas com a identificação da minha posição de classe, gênero e raça.

A luta feminista se fez parte da minha existência quando me deparei com o feminismo negro. Para além do colorismo, Lélia (1984, p. 224) nos recorda das caixinhas que reduzem as mulheres negras brasileiras a uma imagem restritiva de mulher. A autora nos fala sobre a dupla imagem da mulher negra brasileira: mulata e doméstica, das quais emerge a noção de "mãe preta". Nós, mulheres negras, somos reduzidas a objeto sexual ou braço de trabalho. A representação da mulata ou da doméstica desdobra-se, conforme Lélia (1984, p. 229), da figura da mucama (do quimbundo *mu'kama*, "amásia escrava").

No dicionário a mucama é a escrava negra moça e de estimação que era escolhida para auxiliar nos serviços caseiros ou acompanhar pessoas da família e que, por vezes, era ama de leite. Lélia explica que a mucama, para seus senhores, "deve ser ocultada, recalcada, tirada de cena" (Gonzalez, 1984, p. 230). Este dever de ser objeto estava posto para mim.

A luta para construir a identidade da mulher negra busca negar tanto a imposição da ideologia do branqueamento quanto a perpetuação de estereótipos constituídos a partir do controle do nosso corpo. Tal processo ocorre em um escopo mais amplo: o combate ao mito da democracia racial. Retomo novamente a contribuição da Lélia (1984, p. 228) quanto à crítica da construção da tese da democracia racial. Segundo a autora, no Brasil os "casamentos inter-raciais" significavam o resultado da violação de mulheres negras pela minoria branca dominante durante o período escravocrata. Não obstante, este dado serviu à tese de que as relações inter-raciais, ou o processo de miscigenação, propiciaram o estabelecimento de relações harmoniosas entre negros e brancos de modo que o racismo inexiste na sociedade brasileira. Esta é a base do mito da democracia racial, elaborado na década de 1930 e cujo principal articulador foi o historiador e sociólogo Gilberto Freyre (1951). Na interpretação de Florestan Fernandes (2008), com base na sua pesquisa sobre a integração dos negros na sociedade paulistana, o mito da democracia racial foi útil para não se problematizar a integração dos negros na sociedade de classes. Primeiro, tal utilidade manifestou-se na atribuição da desigualdade econômica, social e política enfrentada pela população negra à incapacidade ou irresponsabilidade do próprio "negro". Depois,

> [...] isentou o branco de qualquer obrigação, responsabilidade ou solidariedade morais, de alcance social e de natureza coletiva, perante os efeitos sociopáticos da espoliação abolicionista e da deterioração progressiva da situação socioeconômica do negro e do mulato (Fernandes, 2008, p. 311).

Por fim, reforçou a análise da relação entre negros e brancos por meio das "aparências dos ajustamentos raciais", o que resultou na reprodução de uma "consciência falsa da realidade racial brasileira" (Fernandes, 2008, p. 311).

Por outro lado, o mito da democracia racial, segundo Florestan Fernandes (2008, p. 312), também difundiu as concepções de que "o negro não tem problemas no Brasil"; não existem distinções raciais no país devido à natureza do povo brasileiro; "as oportunidades de acumulação de riqueza, de prestígio social e de poder foram indistinta e igualmente acessíveis a todos"; "o preto está satisfeito com a sua condição social"; nunca houve "outro problema de justiça social com referência ao 'negro', excetuando-se o que foi resolvido pela revogação do estatuto servil e pela universalização da cidadania".

Essas concepções não correspondem à nossa realidade social após 132 anos da extinção formal da escravidão. Na síntese de Lélia Gonzalez sobre o modo como o tema é tratado no país:

> Racismo? No Brasil? Quem foi que disse? Isso é coisa de americano. Aqui não tem diferença porque todo mundo é brasileiro acima de tudo, graças a deus. Preto aqui é bem tratado, tem o mesmo direito que a gente tem. Tanto é que, quando se esforça, ele sobe na vida como qualquer

> um. Conheço um que é médico; educadíssimo, culto, elegante e com umas feições tão finas... nem parece preto (Gonzalez, 1984, p. 228).

Experienciar a identidade racial negra é também constituir um pensamento analítico crítico sobre a diversidade de temas relacionados aos modos de vida da mulher negra. Assim, a emergência de intelectuais negras, para bell hooks (1995), fundamenta-se em "uma crença essencial em nós mesmas, no valor de nosso trabalho e um endosso correspondente do mundo à nossa volta para apoiá-lo e alimentá-lo" (hooks, 1995, p. 475). bell hooks defende que, para compreender a produção intelectual de pessoas negras, é necessário considerar o impacto do gênero na definição do que seja uma intelectual. Ocupar a posição de intelectual negra permite a produção do pensamento feminista negro, responsável por demarcar o local de fala das mulheres negras tanto como contraponto ao movimento feminista hegemônico quanto na produção de interpretações acerca da realidade social. A constituição da intelectual negra rompe com a histórica exclusão dessas mulheres nos textos relacionados ao feminismo. Como Lélia Gonzalez afirma, no final da década de 1970, os textos produzidos pelo movimento feminista brasileiro que abordavam os tipos de dominação imposta às mulheres não apontavam ou consideravam a opressão racial.

Enquanto mulher negra, ao olhar para o movimento feminista, muitas vezes me deparo com a questão levantada por Sojourner Truth no discurso *Ain't I a woman*?[1]. As

1. Proferido em 1851 na Convenção das Mulheres em Akron, Ohio.

mulheres negras questionam a definição de "mulher" como categoria universal, que não expressa as diversas construções sociais das mulheres. A tese da intersecção de raça, gênero e classe vem orientando a produção intelectual das feministas negras. Compreendemos que a especificidade das formas de dominação e opressão impostas aos sujeitos depende do modo como as posições sociais de raça, gênero e classe se interseccionam. Segundo Angela Davis (2011)[2]:

> As organizações de esquerda têm argumentado dentro de uma visão marxista e ortodoxa que a classe é a coisa mais importante. Claro que a classe é importante. É preciso compreender que classe informa a raça. Mas raça, também, informa a classe. E gênero informa a classe. Raça é a maneira como a classe é vivida. Da mesma forma que gênero é a maneira como a raça é vivida. A gente precisa refletir bastante para perceber as intersecções entre raça, classe e gênero, de forma a perceber que entre essas categorias existem relações que são mútuas e outras que são cruzadas. Ninguém pode assumir a primazia de uma categoria sobre as outras.

Tal abordagem, segundo Kimberlé Crenshaw (2000; 2012), busca identificar a especificidade da construção de estruturas sociais como o racismo, o patriarcado e a classe social, assim como a especificidade da intersecção destes

---

2. Conferência realizada no dia 13 de dezembro de 1997, em São Luís (MA), na Iª Jornada Cultural Lélia Gonzalez, promovida pelo Centro de Cultura Negra do Maranhão e pelo Grupo de Mulheres Negras Mãe Andreza.

modos de subordinação em cada contexto sócio-histórico, com o objetivo de compreender como as desigualdades constituem sistemas complexos de discriminação, os quais não são investigados a partir de uma apreensão hierárquica das opressões.

Como destaca Patricia Hill Collins, as mulheres negras são as primeiras a expressar que a minimização de uma forma de opressão não implica que o sujeito não seja oprimido "por outras formas igualmente desumanizadoras". Esta ideia da natureza interligada da opressão aponta, segundo Patricia, "uma perspectiva alternativa humanista para a organização da sociedade" (Collins, 2016, p. 109). O pensamento feminista negro é expressão da mulher negra que se apodera do seu lugar de fala – o que, para Patricia, é uma forma de uso criativo do lugar de marginalidade no qual a mulher negra se encontra na sociedade.

Em concordância com a autora, Djamila Ribeiro (2017) destaca a necessidade de retomar o significado do lugar de fala, conceito valorizado pelas feministas negras com o objetivo de romper com o discurso de universalidade que sustenta a branquitude. Trata-se de romper com a lógica de uma história única e o discurso de quem está legitimado a falar. As feministas negras problematizam o lugar de fala para questionar a ausência da multiplicidade de vozes, tanto no campo teórico quanto na luta política. Audre Lorde (1984) contribui para este debate ao destacar que a diferença deve ser posta como base das polaridades, as quais são necessárias para a criatividade. A busca por novos modos de organização social apenas se desdobra na coragem de agir onde não há privilégios quando se constitui uma interdependência de forças diferentes dotadas de igual legitimidade.

A demarcação do lugar de fala pelo pensamento feminista negro implica, primeiro, a identificação e a compreensão, enquanto sujeito, das intersecções de estruturas sociais opressoras e discriminatórias e seus desdobramentos na conformação do meu modo de ser e da maneira como as relações sociais são engendradas no meu contexto social. Isto é, implica a demarcação do meu lugar no mundo e, por conseguinte, na identificação de demandas e ausências, na construção das reivindicações e na participação em lutas sociais e políticas. Essa abordagem também permite o encontro com teorias, conceitos e aprendizados acumulados ao longo do tempo por mulheres e homens negros, não apenas na produção teórica e acadêmica, mas também nas experiências compartilhadas de geração a geração que nos remetem à ancestralidade negra. A produção intelectual que encontro nos livros, nas histórias da minha avó ou na vida compartilhada com outras mulheres negras compreende uma sistematização e análise dos processos sociais e históricos que configuram a comunidade negra e a minha vivência como sujeito no mundo. Além disso, permite-nos relacionar a nossa prática com esse agregado de conhecimentos da maneira que modificamos tanto o nosso mundo social quanto o nosso modo de pensá-lo.

Significa não apenas compreender as formas de manifestação do racismo e suas consequências funestas, que por vezes resultam no luto, mas também apreender conhecimentos que contribuem para a luta de uma subjetividade fragmentada, na busca por romper o silêncio e na afirmação e valorização da minha existência que representa um povo. Trata-se de participar dos debates e identificar os modelos de organização e de procedimentos que configuram os contextos de luta e seus desdobramentos na nossa inserção na sociedade brasileira e mundial. À vista disso, o ato de reconhecer-me como mulher negra e as particularidades constitutivas da negritude me posicionaram diante de questões que não podem ser resolvidas exclusivamente no âmbito individual. Ao contrário, a partir da minha autodefinição como mulher negra, coloca-se em curso um movimento de reflexão, organização e ação com objetivo de construir uma sociedade emancipada pautada num projeto político antirracista e anticapitalista, onde os marcadores de diferenças não sejam dispostos como base de opressão.

Estas formas de conhecimento e processos de aprendizagem identificados, elaborados e produzidos pelos nossos ancestrais fundamentam, auxiliam e complementam a minha própria prática e de toda a comunidade negra. Trata-se de processar experiências, desenvolver ideias, encadear reflexões e construir metodologias não apenas para conceber um conjunto de teorias e interpretações, mas também para agregar instrumentos de pesquisa, leitura, análise, proteção e intervenção na realidade social. O encontro com a minha ancestralidade intelectual revelou o afastamento da minha formação da contribuição de autoras e autores negros, cujas obras por muito tempo foram silenciadas e postas à margem pelas instituições legitimadas na produção de conhecimento. Em outras palavras, engendraram-se contextos de aprendizagem e práticas educativas que orientam e contribuem para processos formativos dos sujeitos políticos, ou seja, para o empoderamento de pessoas negras no sentido de coletar e compor instrumentos responsáveis por nos conduzir e impulsionar nossas práticas a fim de compreender o mundo para poder transformá-lo.

Dispomos, portanto, da pedagogia feminista negra, com a qual me deparei primeiramente no curso de extensão oferecido pela Universidade Estadual de Feira de Santa (UEFS) em 2020, coordenado por Carolina Santos B. de Pinho com a colaboração de Tayná Victória de Lima Mesquita. Esta proposta pedagógica se organiza a partir do pensamento feminista negro, pautado por conhecimentos e práticas de pessoas negras que se propuseram a pensar sobre si mesmas, seus problemas e seu lugar social. Refere-se a uma concepção de educação que não se restringe ao campo formal, mas pensa a multiplicidade de processos inerentes à construção do sujeito crítico, reflexivo, dotado de direitos e emancipado. A pedagogia feminista negra constrói-se por meio da identificação e do reconhecimento do lugar de fala dos sujeitos políticos na sociedade. Por conseguinte, parte da premissa de que a posição política numa sociedade é delimitada pelo pertencimento a determinado grupo, ou seja, pelo lugar social ocupado e pelas relações engendradas a partir dele. Isto implica a defesa de que não há neutralidade nas escolhas políticas e teóricas. Contudo, a teoria do lugar de fala não significa privilegiar a expressão individual e singular do indivíduo sem considerar sua inserção no contexto social. Ao contrário, expressa o discernimento dos privilégios e das ausências fundantes do lugar social ocupado, assim como explicita a intersecção das opressões e discriminações que conformam a especificidade do meu lugar na realidade social, em contraposição às concepções universalistas do que seja a experiência da mulher na sociedade. Neste ponto, a interseccionalidade, como conceito e método, permite identificar e compreender a configuração das opressões e suas consequências a partir da sua manifestação concreta na experiência vivida por cada grupo social. Ao compreender meu lugar de fala enquanto mulher negra, me reconecto aos meus antepassados mediante os processos de aprendizagem, ora pelo acesso ao campo teórico-filosófico estabelecido pela comunidade negra, ora pela experiência sentida e compartilhada pelos nossos.

A pedagogia feminista negra nos propicia uma análise dos contextos educacionais e de aprendizagem com base na relação indissociável entre teoria/prática e na interseccionalidade. Ela me convoca a pensar sobre como a compreensão do meu lugar social enquanto sujeito político me permite analisar as especificidades dos modelos políticos, econômicos, culturais e sociais vigentes na sociedade e o modo como sou ou não integrada a eles. Ao mesmo tempo, permite-nos vislumbrar as possibilidades de lutas e reivindicações em busca de oportunidades de transformar o mundo onde vivemos, com vistas a superar as desigualdades, as opressões e as formas de dominação. Portanto, a pedagogia feminista negra carrega consigo um projeto político de sociedade antirracista, anticapitalista, oposta a qualquer forma de opressão e dominação e, por fim, marcada pelo engajamento com a justiça social. É por meio da participação nestes processos de acolhimento e aprendizagem que encontro a mim mesma e me reconheço nas histórias compartilhadas e nas teorias produzidas pela necessidade de compreender as características, os modos de funcionamento e as relações engendradas a partir do meu lugar de fala como mulher negra trabalhadora, mas também filha, irmã, esposa e amiga.

Sigo os passos dessas intelectuais negras na busca por compreender o modo como as estruturas de opressão conformam a nossa realidade social e histórica. O pensamento feminista negro torna inteligível o real para, então, volver-se sobre ele como força material capaz de transformá-lo. Recordo-me de Marx (2005, p. 146): "A crítica arrancou as flores imaginárias dos grilhões, não para que o homem os suporte sem fantasias ou consolo, mas para que lance fora os grilhões e a flor viva brote". Ao encontrar os elementos determinantes à reprodução das formas de dominação na ordem social vigente – a sociedade capitalista –, parto à problematização e crítica do modo de vida social capitalista. Com isso, pretendo identificar as possibilidades históricas de eclosão de transformações sociais, políticas, econômicas e culturais, ou seja, de ruptura da ordem social racista, patriarcal e capitalista. Apodero-me das trajetórias das mulheres negras como esteio para meus passos, por vezes hesitantes e controversos, em direção à concretização da luta.

Sigo pelo caminho desbravado por Maria Firmina dos Reis (2004), escritora negra que publicou seu primeiro romance intitulado *Úrsula* em 1859. Em suas palavras:

> Deixai pois que a minha Úrsula, tímida e acanhada, sem dotes da natureza, nem enfeites e louçanias d'arte caminhe entre vós. Não as desprezeis, antes amparai-a nos seus incertos e titubeantes passos para assim dar alento à autora de seus dias, que talvez com essa proteção cultive mais o seu engenho, e venha a produzir cousa melhor, ou quando menos, sirva esse bom acolhimento de incentivo para outras, que com imaginação mais brilhante, com

> educação mais acurada, com instrução mais vasta e liberal, tenham menos timidez do que nós (Reis, 2004, p. 14).

Valho-me de Dona Ivone Lara (2015), que entoou seu samba: "Mas eu vim de lá pequenininha/Alguém me avisou/ Pra pisar nesse chão devagarinho".

Caminho lado a lado das mulheres negras que traçaram sua trajetória em luta para que eu pudesse agora escrever este ensaio, no qual os silêncios, sussurros, lamentos, as lágrimas e os brados se reafirmam e se tornam vivos mais uma vez, a cada palavra que se desprende de mim para tornar-se a concretização de uma luta. E essa luta se desdobra no enfrentamento de cada posição racista, machista e de classe que insiste em esfregar na minha cara o local onde devo permanecer; nos olhares estupefatos que me miram quando me coloco na rua ostentando meu cabelo Black; na organização da militância; na produção intelectual quando transgrido a posição de objeto – à qual historicamente as mulheres negras foram designadas – para tornar-me um ser dotado de vontade, que toma a fala para si e tem na escrita um instrumento de combate; no pensamento que formula concepções de mundo e interpretações acerca da realidade social para pensar o concreto, transformando a posição marginal em substrato para apreender a complexidade das intersecções dos marcadores sociais na lógica capitalista.

Concordo com Gloria Anzaldúa (1981; 2000), para quem a escrita é o que salva da complacência. Escrevemos porque não temos escolha, porque a escrita mantém vivo o nosso espírito de revolta. Ao escrever, registro aquilo que "os outros apagam quando eu falo" e reescrevo as "histórias mal escritas sobre mim" (Anzaldúa, 2000, p. 232). Conceição Evaristo (2010; 2012)[3] nos conta que a literatura produzida por negros e negras é um quilombo, cujos sujeitos criadores e narradores utilizam da palavra para formar um espaço de luta. Contar histórias nos leva aos gritos africanos; quando nos unimos para ouvir e falar, praticamos a circularidade africana, trazemos a sabedoria dos antepassados e construímos a nossa. O passado emerge na confluência de experiências expostas a partir de diversas vozes, contrapondo-se ao domínio da história oficial. A escrita, para Conceição Evaristo, parte do contexto específico. Nas suas palavras: "não nasci rodeada de livros, do tempo/espaço aprendi desde criança a colher palavras" (Evaristo, 2012).

Nestas páginas escrevo de uma vivência que não é única, mas compartilhada por encontros e desencontros, caminhos e experiências de mulheres negras. Reconhecer-me negra remete à apropriação da história do nosso povo, que foi trazido à força para o Brasil e reiteradamente submetido ao cativeiro, mas não sem luta e resistência. É o reconhecimento de que o meu corpo existe como a expressão viva das mulheres negras que se levantaram do chão e caminharam ao meu lado, na luta por romper as circunstâncias objetivas e subjetivas que nos impedem de fazer a nossa própria história. A minha voz irrompe como parte do coro das mulheres negras que abriram o caminho para que eu pudesse estar aqui. Meu objetivo é romper com as formas de dominação, em busca de uma sociedade emancipada e antirracista, contribuindo para uma revolução social. Sou a batida que ecoa de Dandara dos Palmares!

3; Depoimento feito no I Colóquio de Escritoras Mineiras em maio de 2009.

Carolina Aparecida Gonçalves é bacharel em Administração Pública pela Faculdade de Ciências e Letras da Universidade Estadual Paulista (Unesp), campus Araraquara. Licenciada em Ciências Sociais pela Universidade Estadual de Campinas (Unicamp) e bacharel em Ciências Sociais, Sociologia e Ciência Política pela Universidade Estadual de Campinas (Unicamp). Professora de sociologia da Rede Estadual Paulista.

Contato: carolina.ap.gonçalves@gmail.com

REFERÊNCIAS

ALGUÉM ME AVISOU. Compositora e intérprete: Dona Ivone Lara. *In*: SAMBOOK. Vários Intérpretes. [*S. l.*], Musikeria: Universal, 2015. 2 CD, faixa 1.

ANZALDÚA, Gloria. Speaking in tongues: a letter to Third World women writers. *In*: MORAGA, Cherríe; ANZALDÚA, Gloria (org.). *This bridge called my back*: writings by radical women of color. Nova York: Kitchen Table, 1981. p. 165-74.

ANZALDÚA, Gloria. Falando em línguas: uma carta para as mulheres escritoras do terceiro mundo. *Estudos Feministas*, Florianópolis, v. 8, n. 1, p. 229, 2000.

CARNEIRO, Sueli. Negros de pele clara. *Geledés*, São Paulo, 29 maio 2004. Disponível em: https://bit.ly/3ALNEkh. Acesso em: 14 out. 2021.

CRENSHAW, Kimberlé. Background Paper for the Expert Meeting on Gender-Related Aspects of Race Discrimination, *Women's International Coalition for Economic Justice*, Nova York, 2000.

CRENSHAW, Kimberlé. Documento para o encontro de especialistas em aspectos da discriminação racial relativos ao gênero. *Estudos Feministas*, Florianópolis, v. 10, n. 1, p. 171-188, 2012.

COLLINS, Patricia Hill. *Black feminist thought*: knowledge, consciousness, and the politics of empowerment. Boston: Unwin Hyman, 1990.

COLLINS, Patricia Hill. Learning from the outsider within: the sociological significance of black feminist thought. *Social Problems*, Knoxville, v. 33, n. 6, p. 14-32, 1986.

COLLINS, Patricia Hill. Aprendendo com a outsider within: a significação sociológica do pensamento feminista negro. *Sociedade e Estado*, Brasília, v. 31, n. 1, p. 99-127, 2016.

DAVIS, Angela. *Women, race and class*. Nova York: Vintage Books, 1981.

DAVIS, Angela. As mulheres negras na construção de uma nova utopia. *Geledés*, São Paulo, 12 jul. 2011. Disponível em: https://bit.ly/2YPZNId. Acesso em: 13 out. 2021.

DAVIS, Angela. *Mulheres, raça e classe*. São Paulo: Boitempo, 2016.

DJOKIC, Aline. Colorismo: o que é, como funciona. *Blogueiras Negras*, 27 jan. 2015. Disponível em: https://bit.ly/3BA3KyR. Acesso em: 13 out. 2021.

EVARISTO, Conceição. Conceição Evaristo por Conceição Evaristo. *Nossa Escrevivência*, Maricá, 16 ago. 2012. Disponível em: https://bit.ly/3DASUZY. Acesso em: 14 out. 2021.

EVARISTO, Conceição. *Literatura negra*: uma voz quilombola na literatura brasileira. Disponível em: https://bit.ly/3FJsKWT. Acesso em: 13 out. 2021.

EVARISTO, Conceição. Literatura negra: uma voz quilombola na literatura brasileira. *In*: PEREIRA, Edimilson de Almeida (org.). *Um tigre na floresta de signos*: estudos sobre poesia e demandas sociais no Brasil. Belo Horizonte: Mazza, 2010. p.132-142

FANON, Franz. *Escucha, Blanco*. Barcelona: Nova Terra, 1970. Originalmente publicado em 1965.

FANON, Frantz. *Pele negra, máscaras brancas*. Tradução: Adriano Caldas. Rio de Janeiro: Fator, 1983. Originalmente publicado em 1952.

FERNANDES, Florestan. *A integração do negro na sociedade de classes*: o legado da "raça branca". 5. ed. Prefácio: Antônio Sérgio Alfredo Guimarães. São Paulo: Globo, 2008. v. 1. Originalmente publicado em 1964.

FREYRE, Gilberto. *Sobrados e Mucambos*. Rio de Janeiro: Olympio, 1951. Originalmente publicado em 1936.

FREYRE, Gilberto. *Casa-grande & senzala.* 49. ed. Apresentação de Fernando Henrique Cardoso. São Paulo: Global, 2004. Originalmente publicado em 1933.

GARCÍA, Gabriel García. *Doce cuentos peregrinos.* Buenos Aires: Suramericana, 1994. Originalmente publicado em 1992.

GILLIAM, Angela; GILLIAM, Onik'a. Negociando a subjetividade da mulata. *Estudos Feministas,* Florianópolis, v. 3, n. 2, p. 479-489, 1995.

GONZALEZ, Lélia. A mulher negra na sociedade brasileira. *In*: MADEL, Luz. *O lugar da mulher*: estudos sobre a condição feminina na sociedade atual. Rio de Janeiro: Graal, 1982. p.87-106.

GONZALEZ, Lélia. Racismo e sexismo na cultura brasileira. *Ciências Sociais Hoje,* São Paulo, p. 223-244, 1984. Disponível em: https://bit.ly/3iZmmRL. Acesso em: 14 out. 2021.

HOOKS, bell. Intelectuais negras. *Estudos feministas,* Florianópolis, n. 2, v. 3, 1995. Disponível em: https://bit.ly/3awZeW5. Acesso em: 14 out. 2021.

JESUS, Carolina Maria de. *Quarto de despejo.* 5. ed. São Paulo: Ática, 1995. Originalmente publicado em 1960.

KILOMBA, Grada. *Memórias de plantação*: episódios de racismo no cotidiano. Rio de Janeiro: Cobogó, 2019.

LORDE, Audre. Age, race, class and sex: woman redefining difference. *In*: LORDE, Audre. *Sister Out-sider*: essays and speeches. Trumansburg: The Crossing Press, 1984. p. 114-123.

MARX, Karl. Introdução. *In*: MARX, Karl. *Crítica da Filosofia do Direito de Hegel.* Tradução: Rubens Enderle e Leonardo de Deus. São Paulo: Boitempo, 2005. p. 145-156.

MATTOS, Hebe; RIOS, Ana Lugão. *Memórias do cativeiro*: família, trabalho e cidadania no pós-abolição. Rio de Janeiro: Civilização Brasileira, 2005.

MATTOS, Hebe. *Escravidão e cidadania no Brasil monárquico.* Rio de Janeiro: Jorge Zahar, 2000.

MOREJÓN, Nancy. *Parajes de una época*. Cuba: Cuban Letters, 1979.

REIS, Maria Firmina dos. *Úrsula*: a escrava. 3. ed. Florianópolis: Mulheres; Belo Horizonte: PUC Minas, 2004. Originalmente publicado em 1859.

RIBEIRO, Djamila. *O que é lugar de fala?* Minas Gerais: Letramento e Justificando, 2017. (Coleção Feminismos Plurais).

ROJAS BENAVENTE, Lady. "Me gritaron negra": etnicidad en el Perú de los 50 y poesía de resistencia de Victoria Santa Cruz Gamarra. *Actual Investigación*, [*S. l.*], n. 62, p. 85-95, 2011. Disponível em: https://bit.ly/3DHdo3w. Acesso em: 25 nov. 2017.

VIANA, Oliveira. *Evolução do povo brasileiro*. Rio de Janeiro: José Olympio, 1956.

VIANA, Oliveira. *Raça e assimilação*. Rio de Janeiro: José Olympio, 1959.

WALKER, Alice. If the present looks like the past, what does the future look like? *In*: WALKER, Alice. *In search of our mothers' garden*: womanist prose. San Diego: Harcourt Brace Jovanovich, 1983. p. 290-312.

PEDAGOGIA FEMINISTA NEGRA E ENSINO DE QUÍMICA: ALFABETIZAÇÃO CIENTÍFICA PARA QUEM?

Urânia Santos das Chagas

No ensino de Química e outras ciências naturais, a alfabetização científica (ACT) vem ganhando certo protagonismo quando o assunto é ensino-aprendizagem, surgindo como essencial para uma prática pedagógica efetiva. O professor brasileiro Attico Chassot (2003) defende que a ciência é uma linguagem; "assim, ser alfabetizado cientificamente é saber ler a linguagem em que está escrita a natureza. É um analfabeto científico aquele incapaz de uma leitura do universo". Sob esta perspectiva, acredita-se que uma pessoa alfabetizada cientificamente torna-se capaz de ler o universo de maneira "plena", como se a ACT lhe conferisse determinada habilidade, sem reconhecer as diferentes possibilidades de conceituar, entender e atribuir valores àquilo que se lê.

Os fundamentos da ACT estão nos princípios da racionalidade científica moderna, que por sua vez seguem uma perspectiva eurocêntrica de produção epistemológica. Nesse viés, observa-se uma linearidade no modo de ler, interpretar e julgar aquilo que é ou não considerado ciência. Pautada nos processos de colonização e imposição de uma supremacia branca, essa ótica eurocentrada coloca os saberes produzidos pelo homem branco moderno como normativos e cientificados, ao passo que as outras epistemologias, formas de ler, interpretar e descrever o mundo e a natureza são descritas como analfabetismo científico, saberes populares ou senso comum.

Entendendo a ciência como uma linguagem e, portanto, um mecanismo de expressão, nos cabe questionar: para quem a ACT quer que o alfabetizado cientificamente fale? Ou ainda, quem a ACT quer que ouça e fale seu discurso? Oferecer a um indivíduo a possibilidade de ouvir e de se apropriar de ideias e convicções é conferir importância a ele. Desse modo, torna-se primordial entender o locus enunciativo da ACT para que seja possível enxergar qual público-alvo está sendo priorizado, quais conhecimentos são considerados válidos e reproduzidos enquanto outros são marginalizados, não alcançados pela ACT por não serem pensados como parte constitutiva do saber científico. É tentando responder essas perguntas que este texto se insere no campo do ensino decolonial de ciências, assumindo como perspectiva a análise de bases históricas que fundamentam a ACT e propondo novas possibilidades de aprender ciência.

Diante disso, serão analisadas as características coloniais presentes nos processos de aprendizagem de uma cultura-linguagem e o modo como a ACT contribui para manter a visão eurocêntrica que considera apenas um tipo de leitura do universo quando delimita o que é científico ou não, sendo esse um problema de fundamento. Por fim, objetivamos propor uma ACT fundamentada na pedagogia feminista negra, desfazendo-se de amarras hegemônicas e falando para e com quem já teve sua voz suprimida.

A LINGUAGEM COMO MECANISMO DE DOMINAÇÃO

O psiquiatra e filósofo político antilhano Frantz Fanon (2008), em sua obra intitulada *Pele negra, máscaras brancas*, descreve os processos psíquicos e sociais que a pessoa negra sofre em suas relações com o homem e o mundo brancos. Um fator determinante nesses processos é a aquisição da linguagem. Segundo Fanon, quando uma pessoa negra adquire uma nova língua isso implica apropriar-se de determinada cultura ou civilização, o que ocorre muitas vezes em detrimento da linguagem-cultura de origem, dependendo do lugar ocupado por esta nas relações sociais hierarquizadas sob uma ordem imbricada na colonialidade[1].

Um dito popular antilhano muito interessante é citado pelo autor: "na França se diz falar como um livro e na Martinica se diz falar como um branco" (Fanon, 2008, p.36). Essa expressão revela o mito da metrópole como um local de salvação das ditas "selvagerias" antilhanas, como se aquele espaço físico representasse a civilização, o desenvolvido, o moderno. Assim, afirma Fanon, o negro antilhano que vai para a França deixa suas representações culturais no porto, pois elas são partes

1. Colonialidade é um padrão de poder com raízes no colonialismo, porém transcende o período colonial. Caracteriza-se pela manutenção de relações políticas, econômicas e sociais de dominação pautadas no colonialismo.

de si que, sob a ótica colonial em que a modernidade se funda, devem ser repudiadas e extinguidas por representarem desqualificação social e estarem associadas a uma matriz africana. Nesse contexto, o negro antilhano recém-chegado à França renega suas origens e busca assimilar a cultura da metrópole, e isso se dá por meio da linguagem. Afirmando-se através dela, entra em uma espécie de vigília do próprio modo de se expressar, pois é sabido que essa particularidade anuncia seu locus enunciativo. Se aprender uma nova língua é adquirir uma nova cultura, esse sujeito adquire a francesa e branca ao passo que encolhe a sua, antilhana e negra.

Durante o percurso de assumir a linguagem-cultura francesa, Fanon aponta duas conotações comportamentais importantes que são esperadas do negro antilhano pelo branco francês. A primeira refere-se ao erro, minunciosamente percebido e previamente esperado, já que na ordem mundial eurocentrada o negro é considerado desprovido de capacidades psíquicas válidas; assim, falar francês "errado" só demonstraria sua incapacidade intelectual. A segunda seria o perfeccionismo, instintivamente rejeitado, impossível de se associar a este mesmo ser inferiorizado. Ambos são aspectos de um projeto de preterimento dos intelectos principalmente de mulheres, pessoas negras e não brancas, que se consolida em 1492 com a construção da subjetividade do dito "homem moderno", disseminando a ideia de inferiorização dos não europeus ao assumir que não possuíam história, cultura-linguagem ou civilização. Fanon afirma que falar é existir absolutamente para o outro – no caso, falar francês seria existir absolutamente para o homem branco.

A colonização do mundo da vida é um dos eficazes meios de dominação que fundamentaram a modernidade. Enrique

Dussel, no livro *1492: o encobrimento do outro* (1993), descreve e evidencia sua importância para o engendramento da colonialidade do poder. A América Latina foi vista como a primeira periferia da Europa moderna, e a colonização do mundo da vida foi o primeiro "processo de modernização europeu" descrito por Dussel. Segundo o autor, os não brancos foram produzidos como "Outros" e, fixados como "si-mesmos" do europeu, eram vistos apenas como telas nas quais o dito homem moderno deveria se projetar, estampar sua linguagem-cultura. Nesse primeiro processo de modernização, acreditava-se que esse "Outro", sem humanidade, só poderia ser salvo da sua "inferioridade natural" incorporando-se como coisa, objeto e tela - agora passível de adquirir a sanção branca - à totalidade dominadora.

Desse modo, a cultura e os corpos não brancos foram dominados pela instituição de um novo modo de vida, completamente europeizado. Assumindo que o processo de assimilação de uma cultura-linguagem ocorre simultaneamente, compreendemos que, ao impor sua cultura, os europeus estavam também impelindo os povos originários e ancestrais a uma nova linguagem, que tinha como presunção e finalidade o apagamento dos dispositivos linguísticos outros, enquanto se promovia como universal, na sua autodefinição como centro do mundo.

Essa universalização criou e cria mecanismos de invisibilização e/ou marginalização das diferentes formas de linguagens-culturas, mecanismos estes que são primordiais para a manutenção da supremacia do homem branco. O padrão hegemônico de linguagem-cultura demonstra que a América Latina e, assim, seus saberes e linguagens-culturas não foram descobertos como Outro, mas como matéria em que foi projetado e imposto o "si-mesmo" europeu. Com base nisso, haveria justificativas para que estes povos fossem conquistados, colonizados, modernizados e alfabetizados através de métodos modernos de subalternização que têm sua gênese na colonização do mundo da vida.

POR UMA ALFABETIZAÇÃO CIENTÍFICA FEMINISTA NEGRA

Dentro de um cenário em que a ACT perpetua a ideia colonial da supremacia branca e masculina, é perceptível sua inserção na dimensão ideológica de opressão às mulheres negras, conforme descrito por Patricia Hill Collins (2019). Na visão da autora, a opressão se configura como "qualquer situação injusta em que, sistematicamente e por um longo período, um grupo nega a outro grupo o acesso aos recursos da sociedade". A dimensão ideológica de opressão abarca "certas qualidades supostamente relacionadas às mulheres negras que são utilizadas para justificar a opressão" (2019, p. 35), criando uma imagem pejorativa sobre essas mulheres que esconde as reais intenções dos estereótipos, como o ocultamento das produções acadêmicas de mulheres negras, sua exclusão de espaços científicos ou sua presença em funções subalternizadas pré-estabelecidas pela hierarquização baseada na raça e no gênero.

Seguindo a lógica de naturalizar uns em detrimento de outras, são perpetuados métodos de "controle social destinado a manter as mulheres afro-americanas em um lugar designado e subordinado" (Collins, 2019, p. 35). Nesse sentido, os saberes e as contribuições das mulheres negras são intencionalmente omitidos na constituição da racionalidade científica moderna, explicitando suas raízes coloniais, patriarcais e racistas. Logo, a escolha de uma metodologia de leitura do universo imbricada nessas raízes revela as profundezas que conseguem atingir. Delimitando-se como alfabetizada cientificamente, enquanto fixa tudo o que está fora dela como não científico, demonstra que as "imagens estereotipadas das mulheres negras permeiam a cultura popular e as políticas públicas" (Collins, 2019, p. 36), caracterizando os conceitos de "intelectualidade" e "científico" como indissociáveis da figura do homem branco. Assim, essas mulheres têm suas linguagens-culturas colocadas num lugar de inferiorização e marginalidade, enquanto os saberes e existências da hegemonia masculina e branca são naturalizados como centro.

Entendendo a ACT como instrumento de manutenção da colonização do mundo da vida imposta a partir da constituição da subjetividade moderna, os processos de ensino que visam esse mecanismo de leitura do universo como metodologia que conduz a aprendizagem das ciências naturais asseguram a aquisição de linguagens-culturas que, seguindo a ideia de Fanon, falam absolutamente para o homem branco e, em consequência, produzem epistemicídios. Nesse aspecto, Sueli Carneiro (2014), em matéria escrita para o *Portal Geledés*[2], relembra sua entrevista para o programa Espelho, com Lázaro Ramos, quando ela afirmou que a "negação aos negros da condição de sujeitos de conhecimento, por meio da

2. Geledés Instituto da Mulher Negra é uma organização da sociedade civil fundada em 30 de abril de 1988, que se posiciona em defesa de mulheres e negros por entender que esses dois segmentos sociais padecem de desvantagens e discriminações no acesso às oportunidades sociais em função do racismo e do sexismo vigentes na sociedade brasileira.

desvalorização, negação ou ocultamento das contribuições do Continente Africano e da diáspora africana ao patrimônio cultural da humanidade", é promovida pela hegemonia masculina branca no processo de naturalização das injustiças sobre a mulher negra.

Diante desse cenário, torna-se necessária uma ACT fundamentada na pedagogia feminista negra, tendo na aprendizagem das ciências naturais uma alternativa para uma pedagogia revolucionária, protagonizada pelos saberes produzidos por mulheres negras. Os fundamentos da pedagogia feminista negra descritos por Carolina Santos B. de Pinho (2021) são extremamente relevantes para viabilizar a construção de uma metodologia de leitura do mundo que siga uma lógica diferente da hegemônica.

Um aspecto essencial dessa abordagem é a *reconexão com tradições intelectuais subjugadas*. Seguindo esse princípio, deve-se promover a retomada dos saberes tradicionais e das formas de linguagem-cultura fora dos padrões ocidentais. Torna-se um compromisso da educação valorizar teorias de transformação social que foram subalternizadas.

Tomando a *experiência vivida como critério de cientificidade*, a autora nos mostra que o conhecimento científico precisa estar interligado com as experiências vividas. Assim, demonstra que a ciência não é neutra e deve *assumir explicitamente um projeto político de sociedade engajada na luta antirracista*. Essa abordagem exige que deixemos nítido o que desejamos alcançar socialmente com os processos educativos, demonstrando nosso *compromisso com a justiça social* por intermédio de uma prática pedagógica emancipatória e que saliente a contribuição das epistemes produzidas como "Outras".

ALFABETIZAÇÃO CIENTÍFICA PARA QUEM?

Depois de apresentar como ocorrem alguns processos de interação e hierarquização entre pessoas negras e homens brancos, com enfoque na aquisição da linguagem e respaldo na obra de Frantz Fanon, podemos delinear uma resposta ao questionamento proposto neste capítulo.

Quando Chassot afirma que "é um analfabeto científico aquele incapaz de uma leitura do universo", ele atribui às pessoas que lêem o universo de maneira diferente da hegemônica – branca, eurocentrada e masculina – o analfabetismo. Como se essas pessoas fossem destituídas ou desconhecedoras de uma linguagem científica própria e, por isso, tivessem que cumprir a norma linear de ser e falar, alfabetizando-se cientificamente. Fica evidente uma supressão das diferentes formas de linguagem-cultura, criando uma espécie de neocolonização do mundo da vida, parafraseando Enrique Dussel (1993).

Outro ponto importante a destacar nesse processo de desqualificação é a naturalização da obtenção dessas linguagens hegemônicas. Observa-se que a aquisição de uma nova cultura/língua tem orientação (Oriente-Ocidente), sentido (eurocêntrico) e cor (branca). Assim sendo, as metodologias vistas com centralidade continuam seguindo um padrão eurocêntrico, cis, branco, hétero e masculino. Implementando a ACT como único e perfeito mecanismo de leitura do universo, se reproduz o mesmo princípio descrito por Fanon quando discorre sobre a aquisição da linguagem: o mito da ACT como perfeita, desenvolvida, moderna e salvação das nossas origens, linguagens-culturas "selvagens" e negras, como se ser alfabetizado cientificamente representasse civilizar-se. Seguindo esse viés, a linguagem-cultura científica quer que o alfabetizado cientificamente fale/viva por e para a hegemonia descrita, num modelo de racionalidade moderna pautado na ideia de raça como método de hierarquizar seres humanos.

Boaventura Santos Souza (2008, p. 21) afirma que "a racionalidade que preside a ciência moderna se constituiu no século XVI e foi desenvolvida nos séculos seguintes". Esse processo histórico de modernização da ciência acompanha a construção do termo raça. Segundo Silvio Almeida (2018), as circunstâncias históricas de meados do século XVI forneceram um sentido específico à ideia de raça. É nesse contexto que surge e se dissemina "o modelo global de racionalidade científica", transformando o homem branco em universal, e os seus saberes "cientificados", assim como seus atributos de cultura-linguagem. Em contrapartida, todos os conhecimentos de culturas-linguagens fora desse padrão foram subalternizados e considerados não científicos, senso comum ou, ainda, seguindo a lógica do analfabetismo científico, tomados como se não tivessem passado pelo processo de salvação da ACT.

Nesse cenário de opressões epistemológicas, na qual são produzidas ausências de concepções e produções científicas, torna-se necessária a prática da "sociologia das ausências" proposta por Boaventura Santos Souza. Nilma Lino Gomes, em seu livro *O Movimento Negro Educador* (2017, p. 40), explica que essa sociologia visa "investigar para demonstrar que aquilo que não existe é na realidade produzido como não existente" e tem como objetivo "transformar as ausências em presenças". Seguindo esse pensamento, tornam-se urgentes investigações para demonstrar que as linguagens-culturas consideradas senso comum, na verdade, são produzidas como não científicas pela hegemonia.

Finalizo este capítulo com um poema de Audre Lorde, uma escritora negra, feminista lésbica, que, entre outros temas, lutou em prol dos direitos humanos, da visibilidade do amor lésbico e preto e contra opressões:

> E quando nós falamos
> Temos medo que nossas palavras
> nunca serão ouvidas
> nem bem-vindas
> mas quando estamos em silêncio
> nós ainda temos medo
> então é melhor falar
> tendo em mente que
> não esperavam que sobrevivêssemos[3].

O poema remete à voz e à possibilidade de falar. Sinto a necessidade de fazê-lo, pois a fala é um elemento que por muito tempo foi negado física e simbolicamente a nós, pessoas negras. Numa ida ao centro de Feira de Santana[4], ouvi uma vendedora de frutas dizer: "os ricos têm dinheiro, os pobres têm voz". Foi me apropriando do poder de falar que me debrucei nas páginas anteriores sobre as imposições de

---

3. Grande parte dos poemas da autora Audre Lorde ainda não foram traduzidos e publicados em língua portuguesa. Desse modo, o trecho traduzido foi retirado de: https://bit.ly/3n0c4D3. O original pode ser consultado em: https://bit.ly/306fk79.

4. Feira de Santana é um município brasileiro no interior do estado da Bahia, região Nordeste do país.

metodologias científicas perante a fala para que tenhamos nossos discursos considerados como válidos.

Grada Kilomba (2019), em *Memórias da plantação*, atenta para a "máscara do silenciamento", que era composta de ferro e colocada na boca dos negros escravizados durante o período de colonização com o objetivo principal de impor a mudez a eles. É no processo de retirada dessa máscara que dimensiono a fala, pois se nós, povo negro, como disse a vendedora de frutas, conseguirmos ter voz e retirar a máscara do silenciamento, falaremos sem medo.

Urânia Santos das Chagas é estudante de Licenciatura em Química na Universidade Estadual de Feira de Santana (UEFS), pesquisadora integrante do grupo Corpo-Território, Educação e Decolonialidade, financiado pelo Conselho Nacional de Desenvolvimento Científico e Tecnológico (CNPQ), e bolsista de Iniciação Científica pela Fundação de Amparo à Pesquisa pelo Estado da Bahia (Fapesb), onde desenvolve pesquisa sob o título "Mulheres quilombolas em Feira de Santana: narradoras de Saberes".

Contato: uraniachagasantos@gmail.com

REFERÊNCIAS

ALMEIDA, Silvio. *O que é racismo estrutural?* Belo Horizonte: Letramento, 2018.

CARNEIRO, Sueli. Epistemicídio. *Portal Geledés*, São Paulo, 2014. Disponível em: https://bit.ly/3p3QrDs. Acesso em: 16 out. 2021.

CHASSOT, Attico. Alfabetização científica: uma possibilidade para a inclusão social. *Revista Brasileira de Educação*, Rio de Janeiro, n. 22, 2003.

COLLINS, Patricia Hill. *Aprendendo com a outsider within*: a significação sociológica do pensamento feminista negro. *Sociedade e Estado*, Brasília, v. 31, n. 1, 2016.

COLLINS, Patricia Hill. *Pensamento feminista negro*: conhecimento, consciência e a política do empoderamento. Tradução: Jamile Pinheiro Dias. São Paulo: Boitempo, 2019.

DUSSEL, Enrique. *1492 – o encobrimento do outro*: a origem do "mito da modernidade" Tradução: Jaime A. Ciasen. Petrópolis: Vozes, 1993. (Conferências de Frankfurt).

FANON, Frantz. *Pele negra, máscaras brancas*. Tradução: Renato da Silveira. Salvador: Edufba, 2008.

GOMES, Nilma Lino. *O movimento negro educador*. Saberes construídos na luta por emancipação. Petrópolis: Vozes, 2017.

KILOMBA, Grada. *Memórias da plantação*: episódios de racismo cotidiano. São Paulo: Cadernos de Campo, 1991.

PINHO, Carolina Santos Barroso de. Pensamento feminista negro como orientação teórico metodológica de uma pedagogia revolucionária. *In*: PINHO, Carolina Santos Barroso de (org.). Pedagogia Feminista Negra: primeiras aproximações. São Paulo: Navegando Publicações. 2021. p. 31-46.

SANTOS, Boaventura de Sousa. Para uma sociologia das ausências e uma sociologia das emergências. *Crítica de Ciências Sociais*, Coimbra, n. 63, out. 2002.

SANTOS, Boaventura de Sousa. *Um discurso sobre as ciências*. 5. ed. São Paulo: Cortez, 2008.

A PEDAGOGIA FEMINISTA NEGRA NA CONSTRUÇÃO DO PROJETO POLÍTICO-PEDAGÓGICO

Laila Fernandes de Oliveira

Uma das primeiras declarações da Constituição Federal de 1988 é afirmar a República Federativa do Brasil como um Estado Democrático de Direito, fundamentado na promoção do "[...] bem de todos, sem preconceitos de origem, raça, sexo, cor, idade e quaisquer outras formas de discriminação" (Brasil, 1988). A educação aparece não muito depois, sendo pautada com mais destaque na primeira seção do terceiro capítulo do Título VIII, "Da Ordem Social", no qual é vista como direito de todos, devendo ser promovida e incentivada pelo Estado, pela família e pela sociedade "para o pleno desenvolvimento da pessoa, seu preparo para o exercício da cidadania e sua qualificação para o trabalho". Sobre o ensino, a Constituição determina que se baseie em princípios como: igualdade de condições, acesso e permanência no ambiente escolar; liberdade de aprendizagem, ensino ou pesquisa;

diversidade de ideias e de elaborações pedagógicas; valorização dos profissionais da educação; gestão democrática; garantia de parâmetros de qualidade e do direito à educação e à aprendizagem durante a vida.

Apesar de haver legislações e documentos que definem a educação como um direito social, o que se vê no Brasil é a negação histórica do acesso à educação escolarizada, principalmente às pessoas negras, mulheres, pobres e/ou LGBTQI+. No livro *O Movimento Negro Educador* (2019), a pedagoga Nilma Lino Gomes, ao resgatar as lutas e conquistas do movimento negro, pontua que no Brasil a escola – sobretudo a pública – resulta das reinvindicações populares e é entendida como parte importante da emancipação social. Ao mesmo tempo, a autora critica a forma como essa escola foi se construindo enquanto instituição reguladora, marcada por regras, normas e rituais, pela separação dos conteúdos. Essa configuração institucional da escola pode ser compreendida como decorrente de uma educação estabelecida em um sistema social que perpetua injustiça, estando em um campo de disputas do qual não se pode desistir.

Além dos conhecimentos sobre os avanços legislativos e suas aplicabilidades, é imprescindível aproximar os olhares para analisar os impactos nos espaços educativos de uma sociedade constantemente marcada por esses desequilíbrios advindos dos processos de colonização, escravização de pessoas e valorização do sistema capitalista. Nesse sentido, Gomes (2019, p. 43) propõe algumas questões como exercício de *imaginação pedagógica*, tais como:

> A educação, entendida como processo de humanização, tem sido sempre uma experiência edificante? É possível educar para a diversidade em uma sociedade marcada pelo colonialismo, pelo capitalismo, pelo machismo e pelo racismo?

Tendo isso em vista, a proposta do presente capítulo é evidenciar a urgência da análise crítica de instrumentais como o Projeto Político-Pedagógico (PPP) a partir de uma pedagogia feminista negra: teoria crítica da educação cuja base é a luta das mulheres negras que articulam sua intelectualidade na dialética entre teoria e prática para um projeto de transformação social, fundamentada na construção coletiva do pensamento feminista negro.

O QUE É UM PROJETO POLÍTICO-PEDAGÓGICO?

Para regulamentar a organização da educação brasileira, a legislação educacional foi se compondo e sendo transformada com o decorrer dos anos. A primeira Lei de Diretrizes e Bases da Educação Nacional (LDB), formulada em 1961, foi substituída por uma atualização em 1971, que prevaleceu até a publicação, em 1996, da legislação mais recente. Em sua versão vigente, a LDB (Lei nº 9.394/1996) determina que as instituições de ensino elaborem um PPP para nortear suas práticas e metodologias durante todo o ano letivo. Esse guia, também conhecido como projeto pedagógico, tem como função principal definir os objetivos da escola para o ano em exercício e os meios para alcançá-los.

O e-book *Passo a passo para a criação do PPP* (2020)[1], como o próprio título indica, explica desde o significado dos termos que compõem esse tipo de documento. "Projeto" é entendido como um agrupamento de propostas que têm como finalidade efetivar uma ação, enquanto o "político" refere-se à função social das instituições de ensino e seu papel na formação de cidadãos que participem ativamente da construção da sociedade. Já o "pedagógico" diz respeito aos planejamentos e às atividades educacionais que entrarão nos processos de ensino e aprendizagem. Selecionamos aqui artigos e incisos da LDB que serão subsídios para a discussão adiante:

> Art. 12. Os estabelecimentos de ensino, respeitadas as normas comuns e as do seu sistema de ensino, terão a incumbência de:
> I - elaborar e executar sua proposta pedagógica;
> VI - articular-se com as famílias e a comunidade, criando processos de integração da sociedade com a escola;
> VII - informar pai e mãe, conviventes ou não com seus filhos, e, se for o caso, os responsáveis legais, sobre a frequência e rendimento dos alunos, bem como sobre a execução da proposta pedagógica da escola; [Redação dada pela Lei nº 12.013, de 2009]
> IX - promover medidas de conscientização, de prevenção e de combate a todos os tipos de violência, especialmente

1. Elaborado pela Par, "[...] uma Plataforma Educacional voltada para as escolas que utilizam livros didáticos e que visam a complementar o trabalho do material por meio de avaliações, formação continuada do corpo docente e desenvolvimento socioemocional dos alunos, por exemplo". Amanda VIEGAS, "Conheça a PAR", <https://bit.ly/3n77vFW>.

> a intimidação sistemática (bullying), no âmbito das escolas [...]. [Incluído pela Lei nº 13.663, de 2018].
>
> Art. 13. Os docentes incumbir-se-ão de:
> I - participar da elaboração da proposta pedagógica do estabelecimento de ensino;
> II - elaborar e cumprir plano de trabalho, segundo a proposta pedagógica do estabelecimento de ensino;
> VI - colaborar com as atividades de articulação da escola com as famílias e a comunidade.
>
> Art. 14. Os sistemas de ensino definirão as normas da gestão democrática do ensino público na educação básica, de acordo com as suas peculiaridades e conforme os seguintes princípios:
> I - participação dos profissionais da educação na elaboração do projeto pedagógico da escola;
> II - participação das comunidades escolar e local em conselhos escolares ou equivalentes (Brasil, 1996).

Ao articular as principais ideias contidas nesses excertos, temos de maneira mais evidente as bases para a elaboração do PPP. Segundo Freitas (2004 *apud* Bastos; Gonçalves; Alves, 2018), ele deve ser visto como um instrumento de gestão e de compromisso político e pedagógico coletivo, um referencial para as lutas das escolas, não um objeto burocrático feito individualmente para ser obedecido por outrem. Nessa perspectiva, os espaços educativos podem motivar debates, câmbio de experiências e reflexões sobre as práticas vivenciadas no cotidiano e nas inter-relações que subsidiarão o desenvolvimento do trabalho pedagógico-administrativo das instituições (Bastos; Gonçalves; Alves, 2018).

Para a construção do PPP de forma que seja um instrumento de gestão democrática e participativa, é necessário envolver e sensibilizar a equipe escolar, promovendo o engajamento em prol do trabalho a ser realizado. Em seguida, ao desenvolver o planejamento coletivo para estruturar o processo e definir as atribuições dos participantes, o projeto vai tomando forma, sendo possível organizar ações, etapas, duração e responsáveis. Outro passo importante é utilizar a socialização, pesquisas e o acervo da escola para levantar o histórico estrutural e pedagógico da instituição. A mobilização da comunidade escolar externa (mães, pais, familiares, associações, vizinhos) também é essencial para que o conceito de gestão democrática seja integrado aos hábitos de equidade, assim como para conhecer a realidade (territorial, populacional, econômica, cultural) em que a escola está inserida, viabilizando uma parceria que contribua para o desenvolvimento de um senso de pertencimento mútuo.

Além dos elementos anteriores, o PPP também precisa conter os princípios pedagógicos do currículo (a missão, a visão e os princípios da escola), incluindo fundamentação teórica e bases legais. Após a elaboração e validação do texto, o documento deve ser socializado em sua versão final para que a comunidade escolar possa avaliá-lo, reformulá-lo ou até mesmo compartilhá-lo com novos funcionários ou familiares, visto que o envolvimento de todos garante a representatividade e legitimidade do PPP, se feito de forma participativa e democrática. É relevante pontuar que o PPP pode e deve ser revisto de forma orgânica sempre que houver necessidade.

Ao abraçar a potencialidade dessa ferramenta como meio para que as instituições de ensino tracem uma trajetória pedagógica mais autônoma e democrática, o PPP, se encarado como um manifesto que constrói diretrizes, metas e métodos coletivos e igualitários, reafirmará o compromisso com teorias críticas que visam a justiça social.

Para confrontar as estruturas de dominação e desigualdades, a intelectual negra bell hooks (2013) aposta em uma pedagogia revolucionária que subverta esses moldes ao propor a construção comunitária de um espaço onde todos sintam a responsabilidade de contribuir e tenham reconhecidas suas capacidades colaborativas, com objetivo central de transformar a sociedade.

ELABORAÇÃO DE PROJETO POLÍTICO-PEDAGÓGICO A PARTIR DE UMA PEDAGOGIA FEMINISTA NEGRA

Para falar de uma pedagogia revolucionária é necessário resgatar contribuições de figuras negras e indígenas que, em diversas áreas, desenvolveram ações antirracistas e abordaram a educação em seus trabalhos. A existência de professoras, historiadoras, artistas, políticas, antropólogas, doutoras de várias regiões do país comprova não só a busca pela emancipação intelectual da mulher, como também o apagamento histórico que sofrem, pois não raro suas epistemologias são subjugadas.

Pouco se propaga, por exemplo, sobre a professora e jornalista Antonieta de Barros (1901-1952). De acordo com a *Memória Política de Santa Catarina* (Biografia..., 2020), Barros foi precursora na política ao se tornar a primeira mulher negra brasileira a assumir um cargo público por mandato popular, sendo creditada a ela a lei que promulgou o Dia do Professor, que futuramente seria transformado em feriado escolar. Como docente fundou e dirigiu, até o seu falecimento, o Curso Particular Antonieta de Barros, com o objetivo de alfabetizar a população menos favorecida.

Lélia Gonzalez (1935-1994) também precisa ser referenciada quando a temática é educação. Lélia é uma das intelectuais brasileiras mais importantes, principalmente no que diz respeito às questões raciais e ao feminismo negro. Ela afirma, em *Por um feminismo afrolatinoamericano* (1988a), que a sociedade brasileira, ao pensar criticamente sobre a condição da população negra, pode transformar a si mesma e reconhecer em suas contradições as enormes desigualdades raciais que a caracterizam. Essa análise contundente da autora aborda a formação histórico-cultural não só do Brasil, mas também de outras partes do continente americano, em um conceito posteriormente chamado por ela de "amefricanidade", no qual a ancestralidade dos povos originários, indígenas e africanos é retomada em uma luta de narrativas contra a história dominante colonial (Gonzalez, 1988b). Em uma publicação na revista *Mulherio*, a autora denuncia:

> Estamos cansados de saber que nem na escola, nem nos livros onde mandam a gente estudar, não se fala da efetiva contribuição das classes populares, da mulher, do negro e do índio na nossa formação histórica e cultural. Na verdade, o que se faz é folclorizar todos eles. E o que é que fica? A impressão de que só homens, os homens brancos, social e economicamente privilegiados, foram os únicos a

> construir este país. A essa mentira tripla dá-se o nome de sexismo, racismo e elitismo. E como ainda existe muita mulher que se sente inferiorizada diante do homem, muito negro diante do branco e muito pobre diante do rico a gente tem mais é que mostrar que não é assim, né? (Gonzalez, 1982, p. 3)

Os sistemas de opressão que dão forma à vida social brasileira têm como premissa uma lógica de exclusão, colocando barreiras para o acesso às epistemologias não hegemônicas. No artigo "A mulher negra no mercado de trabalho" (1976), a historiadora, professora e artista Beatriz Nascimento (1942-1995) aborda a forma como o sistema econômico estabelece hierarquias e cria artifícios para selecionar as pessoas que ocuparão esses espaços, principalmente com base no critério racial. Segundo a autora, ao mesmo tempo em que a sociedade prospera em processos de modernização, elementos obsoletos da herança escravocrata prejudicam os avanços educacionais de grupos oprimidos que visam melhores condições de vida e possibilidades de mobilidade social.

Em contrapartida, a luta pelo bem viver de diferentes povos originários mobiliza militâncias feministas que defendem uma educação que permita a transmissão de conhecimentos considerando a interculturalidade, assim como os saberes e vivências pessoais e coletivos. Em *Mulheres lideranças indígenas em Pernambuco, espaço de poder onde acontece a equidade de gênero* (2019), a mestra em antropologia Elisa Urbano Ramos, do povo Pankararu, caracteriza o feminismo indígena "enquanto um conjunto de ações das mulheres indígenas em prol dos direitos coletivos" (Ramos, 2019, p. 84).

Professora há mais de vinte anos, Ramos se dedica à docência para fortalecer a identidade de seu povo.

O resgate das contribuições de autoras negras e indígenas nos fornece subsídios para refletir e combater as consequências de uma sociedade imersa em condições adversas que atingem diretamente o âmbito educacional. Questões de gênero, raça, classe e sexualidade, entre outras, se interligam, não só nas práticas com crianças, adolescentes e adultos, mas nas relações que se estabelecem entre funcionários, família e comunidade. Situações como racismo, violência doméstica, dificuldades financeiras, homofobia e evasão não são incomuns a quem vive o cotidiano escolar. Vale destacar que essas vivências não chegam até a escola exclusivamente pela comunidade externa; as hierarquias constituídas definem quem está nos cargos de gestão, na limpeza, na cozinha, quantas pessoas negras trabalham no local, a ausência de homens (principalmente quando falamos de educação infantil) e quantos profissionais conseguem conversar abertamente sobre sua orientação sexual ou identidade de gênero, por exemplo.

Ao considerar essas disparidades, é possível observar que elas não acontecem de forma isolada. O conceito de interseccionalidade surge como um instrumento teórico-metodológico que aborda a indissociabilidade estrutural do racismo, do capitalismo e do patriarcado cisgênero heterossexual. Em *Interseccionalidade* (2019), Carla Akotirene subscreve a reflexão epistemológica de Patricia Hill Collins, feminista negra estadunidense que considera a interseccionalidade como um "sistema de opressão interligado". Akotirene explica o conceito, que foi cunhado pela intelectual afro-estadunidense Kimberlé Crenshaw:

> [...] a interseccionalidade permite-nos enxergar a colisão das estruturas, a interação simultânea das avenidas identitárias, além do fracasso do feminismo em contemplar mulheres negras, já que reproduz o racismo. Igualmente, o movimento negro falha pelo caráter machista, oferece ferramentas metodológicas reservadas às experiências apenas do homem negro (Akotirene, 2019, p. 14).

Pensar interseccionalidade na elaboração do PPP significa combater as práticas discriminatórias em sua amplitude, não para sobrepor uma opressão à outra, mas para procurar estratégias que diminuam o impacto dessas violências. Assim é possível pensar um projeto educacional que aponte para um programa humanizador, ao reconhecer os fatores que desumanizam grande parte da população dentro de todas as modalidades do sistema educacional, além de procurar inserir indivíduos que foram excluídos desse processo na idade prevista, como no caso da Educação para Jovens e Adultos (EJA).

Para construir o PPP de forma coletiva se faz necessário ampliar a capacidade de escuta que desencadeia diálogos produtivos. Sem escuta, as múltiplas vozes seguem silenciadas, e sua existência invisibilizada. Para tal, uma das medidas mais urgentes é garantir o interesse e a participação familiar para além de reuniões trimestrais ou pontuais e eventos. É atribuição dos estabelecimentos de ensino analisar se as ações estão fortalecendo o processo de participação social, fazendo sentido para a comunidade.

Ao longo dos anos a escola foi se constituindo como principal meio para se obter o saber, bem como validá-lo, sendo impactada de formas diversas a depender da época, da região, das políticas. Detentora do conhecimento, se afastou das histórias alternativas, das epistemologias populares. Nesse contexto, a gestão democrática surge para buscar a descentralização do poder ao convocar a participação nos processos decisórios. Romper com as práticas autoritárias abre clareiras para o pluralismo de ideias, favorece o vínculo de confiança entre os segmentos, além de otimizar os resultados alcançados. Para além disso, bell hooks (2013) argumenta sobre a necessidade de a escola se consolidar como um espaço de aprendizagem significativa, sendo capaz de se transformar em uma comunidade em que a voz de cada um é valorizada. Assim, a educação pode ser construída como meio de desenvolvimento e autorrealização de todos, e não apenas responsabilidade de professores e gestores (hooks, 2013, p. 51).

Assegurar esse espaço significa desenvolver uma conscientização coletiva para que as problemáticas sociais não sejam ignoradas, mas compreendidas e trabalhadas a partir das diversas possibilidades de interlocução dos sujeitos envolvidos no processo educacional. Nesse sentido, o conceito de lugar de fala envolve a relevância de considerar as variadas perspectivas. Em *O que é lugar de fala?* (2017), a filósofa Djamila Ribeiro comenta:

> A nossa hipótese é que a partir da teoria do ponto de vista feminista, é possível falar de lugar de fala. Ao reivindicar os diferentes pontos de análises e a afirmação de que um dos objetivos do feminismo negro é marcar o lugar de fala de quem as propõem, percebemos que essa marcação se torna necessária para entendermos realidades que foram

> consideradas implícitas dentro da normatização hegemônica (Ribeiro, 2017, p. 59).

Levando em consideração as contribuições que reivindicam a teoria do ponto de vista, somos levadas a concluir que todas as pessoas podem e devem discutir questões como o racismo. O que precisamos destacar é que os sujeitos falarão de lugares distintos, devido a suas experiências como sujeitos históricos que vivem a partir de seu lugar social, perpassado pelas dimensões de classe, raça, gênero, entre outras (Pinho, 2018). O mesmo acontece com o machismo; homens e mulheres devem falar sobre o tema compreendendo que a forma como ele nos afeta é diferente. Assim segue em relação a sexualidade e demais temáticas insurgentes. O lugar de fala não é apenas sobre a voz em si, mas sim um conceito que ajuda a pensar sobre toda uma estrutura de poder.

> Como explica Collins, quando falamos de pontos de partida, não estamos falando de experiências de indivíduos necessariamente, mas das condições sociais que permitem ou não que esses grupos acessem lugares de cidadania. Seria, principalmente, um debate estrutural. Não se trataria de afirmar as experiências individuais, mas de entender como o lugar social que certos grupos ocupam restringem oportunidades (Ribeiro, 2017, p. 61).

Com metas, planos e ações orientados por um projeto que apresente explicitamente uma percepção de sociedade pautada em relações para além do lucro, é possível quebrar o padrão de educação voltada para a manutenção do *status quo*. Para tal, é necessário reconhecer a escola como ambiente político onde as decisões tomadas, sejam elas administrativas ou pedagógicas, influenciam diretamente as subjetividades.

A composição da gestão participativa, com órgãos colegiados como o Conselho de Escola, a Associação de Pais e Mestres e os grêmios estudantis, precisa contemplar a representatividade de modo que haja espaço para expressão de toda a comunidade escolar, inclusive a comunicação com movimentos sociais é estratégia adicional para avizinhar as experiências. Para garantir a construção coletiva do PPP, através da participação dos membros da comunidade escolar nos órgãos, é fundamental que as unidades de ensino se coloquem em uma posição de horizontalidade com os demais componentes, valorizando saberes que historicamente foram alijados da escola. Segundo Pinho (2018, p. 124), "a perspectiva daqueles que ocuparam e ocupam os mais precarizados lugares sociais é fundamental para superarmos o atual modo de vida que está exaurindo as potencialidades humanas". Impulsionar a emancipação dessas populações contribui para seu fortalecimento não só econômico, mas também de sua existência.

Neste contexto, destacamos a importância da conquista histórica dos movimentos negros com a promulgação da Lei nº 10.639/2003, sobre a obrigatoriedade do ensino da história e cultura afro-brasileira nos estabelecimentos de ensino públicos e privados, e da Lei nº 11.645/2008, que contempla também a história e cultura indígenas, "resgatando as suas contribuições nas áreas social, econômica e política, pertinentes à história do Brasil". Ambas devem ser incorporadas pelo currículo apresentado no PPP. Embora as leis sejam ações afirmativas fundamentais para questionar a interpretação universal edificada pela ótica de pessoas brancas, é preciso analisar com qual qualidade e frequência estão sendo colocadas em prática e, mais do que isso, se os conteúdos permitem que os valores internalizados desde a mais tenra infância sejam de igualdade.

Ao contrário do que se tenta aplicar em muitos casos, essa igualdade não é a homogeneização das pessoas, mas sim a equidade entre elas. Somos diferentes e similares em nossas diversidades, temos múltiplas características políticas, religiosas, étnico-raciais, linguísticas e sexuais que precisam ser contempladas e visibilizadas para que toda pessoa, sem distinção, seja tratada de forma que não sofra violências físicas ou simbólicas pela sua diferença.

Assumir explicitamente a luta antirracista está no cerne da pedagogia feminista negra, trazendo para a discussão o modo como as desigualdades baseadas no conceito de raça se fazem presentes nas diversas experiências sociais, seja na distribuição de recursos e poder, seja nas identidades individuais e coletivas ou nas formas culturais. O racismo estrutural, em toda a complexidade do seu significado, se unifica ao sistema desde o cotidiano até a mais alta organização política, sendo camuflado por discursos que pregam que, por sermos um povo miscigenado, não haveria discriminação. Multifacetado, o racismo se encontra arraigado na mente e nos hábitos da população, por isso é primordial que pessoas brancas estudem, pesquisem e problematizem sua própria branquitude.

Em *Entre o encardido, o branco e o branquíssimo: branquitude, hierarquia e poder na cidade de São Paulo* (2014), a professora de psicologia Lia Schucman afirma que uma das contribuições possíveis de uma pessoa branca à luta antirracista é denunciar privilégios simbólicos e materiais que estão cravados nessa identidade – privilégios esses que fazem os brancos se nomearem de forma totalmente nociva em um lugar de superioridade moral, intelectual e estética. Segundo a autora:

> [...] a escola, por ter uma atuação sistemática durante anos, tem um maior poder ideológico sobre os que nela permanecem, e portanto o ensino eurocêntrico baseado na história das populações europeias, brancas e cristãs privilegiam sistematicamente que sujeitos brancos se sintam inseridos na construção da cultura e do mundo, em detrimento das outras populações (Schucman, 2014, p. 134).

Ter como pauta corrente a leitura, a escrita e o ensino a partir de uma perspectiva não eurocêntrica abre passagem para superar as desigualdades presentes em espaços de educação formal e não formal. No entanto, explorar novos caminhos teóricos e práticos envolve pensar na presença profissional de educadores e educadoras negras. Essa atuação se torna indispensável para que o diálogo sobre a diversidade racial seja sólido, além de trazer representatividade para crianças e jovens.

Em *O valor da brancura: considerações sobre um debate pouco explorado no Brasil* (2012), a mestra em educação e diretora escolar Luciana Alves afirma que:

> [...] educar para o combate às desigualdades raciais é também educar para que a idealização branca deixe de ser objeto de desejo para negros e brancos, em outros termos, almejar que a adesão à ideia de supremacia branca

> que os significados analisados pressupõem seja cada vez menos viável e desejável (Alves, 2012, p. 43).

Baseando-se na pedagogia feminista negra, o PPP pode trabalhar diretamente a questão trazida por Alves (2012) subsidiando a educação étnico-racial ao desconstruir relações hierarquizantes e marginalizantes que moldam a sociedade, incentivar a autodefinição como valorização da identidade e de suas variadas estéticas e auxiliar na construção de um horizonte comunitário que não mire privilégios, sejam simbólicos ou financeiros.

Para isso, um componente importante é a articulação com outras teorias críticas da educação. Em *Ensinando a transgredir: a educação como prática da liberdade* (2013), bell hooks dialoga com a obra de Paulo Freire. A autora explica que, por estar profundamente comprometida com a pedagogia feminista, absorveu elementos das obras de Freire e os entrelaçou na versão de pedagogia feminista que acredita estar incorporada em seu trabalho de professora e escritora (hooks, 2013, p. 74). Ela coloca sua experiência como docente universitária no papel, trazendo à tona o processo de renovação pelo qual nossas mentes precisam passar para transformar as instituições educacionais.

Em seu livro, hooks (2013) ressalta a enorme dificuldade de educadores e educadoras saírem do posto de únicos detentores do conhecimento. Essa situação impede que a sala de aula seja um ambiente democrático, onde todos sintam a responsabilidade e o encorajamento de contribuir – sem dúvidas, algo necessário para uma pedagogia transformadora. Para além de evidenciar essa dificuldade dos educadores e educadoras, é preciso também contextualizar as limitações às quais estão submetidos, como salas cheias, adoecimento físico e/ou mental e falta de recursos. Assim poderemos pensar em estratégias pedagógicas alternativas, cujas pessoas envolvidas sejam vistas como sujeitos e não objetos. Considerando que a "sala de aula com todas suas limitações continua sendo ambiente de possibilidades" (hooks, 2013, p. 273), o trabalho coletivo permite reivindicar o bem-estar de professores/as e estudantes, assegurando a educação como prática da liberdade.

As teorias críticas da educação têm apresentado a necessidade de valorizar a experiência vivida como critério de cientificidade e o direito ao discurso para que a educação formal e a não formal se consolidem como vias potentes para uma transformação social. Em *O que é empoderamento?* (2018), a escritora Joice Berth aborda dimensões que envolvem esse processo:

> [...] inspirados em Freire, hooks, Collins, Davis, Batliwala, partimos daqueles e daquelas que entendem empoderamento como a aliança entre conscientizar-se criticamente e transformar na prática, algo contestador e revolucionário na sua essência. Partimos de quem entende que os oprimidos devem empoderar-se entre si e o que muitos e muitas podem fazer para contribuir para isso é semear o terreno para tornar o empoderamento fértil, tendo consciência, desde já, que, ao fazê-lo, entramos no terreno do inimaginável: o empoderamento tem a contestação e o novo no seu âmago, revelando, quando presente, uma realidade sequer antes imaginada. É, sem dúvidas, uma verdadeira ponte para o futuro. (Berth, 2018, p. 129).

Deve-se ressaltar que o empoderamento individual tem seus méritos, mas aumenta seu potencial ao se complementar com o coletivo em uma trajetória de conscientização e compromisso político para uma pedagogia verdadeiramente revolucionária da resistência. Segundo Sueli Carneiro (2005, p. 278), "a síntese será dada apenas pelo coletivo, onde o cuidado de si e o cuidado do outro confundem-se na busca da emancipação".

CONSIDERAÇÕES FINAIS

A educação, através de numerosas lutas de movimentos sociais, obteve avanços significativos em prol do ensino público de qualidade e humanizador. Porém, é indispensável trazer à discussão o fato de que os ambientes educacionais não são isentos de valores ideológicos ou políticos. Diante das diferentes esferas sociais, populações que historicamente foram subalternizadas seguem vulneráveis às violências físicas e simbólicas. Portanto, emerge a necessidade de engajamento com a justiça social na prática cotidiana.

A orientação do PPP pautado na pedagogia feminista negra se propõe a articular a produção intelectual de mulheres negras, uma vez que elas possuem vasto histórico de estudos, mobilização, auto-organização e também extraem de suas experiências a metodologia ativista para uma transformação social antirracista, antissexista e anticlassista. Já as legislações, se bem empregadas, servem de suporte para efetivar transformações em todas as etapas de ensino. Comunicar por outras vias histórias e culturais afro-brasileiras, indígenas e latino-americanas propicia a convivência em grau de igualdade, de modo que as ações afirmativas de cunho redistributivo ou compensatório serão vistas como caminhos para a equidade.

Como toda atividade educacional, questões específicas acerca das práticas devem ser aprofundadas e adaptadas ao contexto vivido no chão da escola. Ampliando estudos com essa temática, as socializações se tornarão frequentes e acessíveis. Exemplos de escolas com currículos afrocentrados ou que incorporaram a educação antirracista em suas propostas nos ensinam que retomar a nossa história é construir novos futuros. A retórica principal aqui é a de que, no processo educativo, entendido como dinâmico e colaborativo, sempre haverá algo a aprender e vozes a ouvir na constante luta por justiça social.

Laila Fernandes de Oliveira é jornalista, educadora na Prefeitura Municipal de São Bernardo do Campo e escritora. Pós-graduanda em Legislativo, Território e Gestão Democrática da Cidade, pela Escola do Parlamento da Câmara Municipal de São Paulo, e em Educação em Direitos Humanos pela Universidade Federal do ABC.

Contato: laila-oliveira@uol.com.br

REFERÊNCIAS

AKOTIRENE, Carla. *Interseccionalidade*. São Paulo: Pólen, 2019. (Feminismos Plurais)

ALVES, Luciana. O valor da brancura: considerações sobre um debate pouco explorado no Brasil. *Cadernos Cenpec*, São Paulo, v. 2, 2012. Disponível em: https://bit.ly/3vnCz8d. Acesso em: 19 out. 2021.

BASTOS, Viviana da Costa; GONÇALVES, Bárbara de Britto Terra Nova; ALVES, Ana Cristina Vieira. O Projeto Político-Pedagógico como instrumento de gestão democrática e participativa. *Regae*, Santa

Maria, v. 7, n. 15, p. 87-93, 2018. Disponível em: https://bit.ly/3jfA6YA. Acesso em: 19 out. 2021.

BERTH, Joice. *O que é empoderamento?* Belo Horizonte: Letramento: Justificando, 2018. (Feminismos Plurais).

BIOGRAFIA Antonieta de Barros. *Memória Política de Santa Catarina*, Florianópolis, 2020. Disponível em: https://bit.ly/3G3l95x. Acesso em: 19 out. 2021.

BRASIL. Constituição (1988). *Constituição da República Federativa do Brasil*. Brasília, DF: Presidência da República, 1988. Disponível em: https://bit.ly/3lTB2n9. Acesso em: 18 out. 2021.

BRASIL. *Lei nº 9.394*, de 20 de dezembro de 1996. Estabelece as diretrizes e bases da educação nacional, Brasília, DF: Presidência da República, 1996. Disponível em: https://bit.ly/3n1FNue. Acesso em: 19 out. 2021.

BRASIL. *Lei nº 10.639*, de 9 de janeiro de 2003. Altera a Lei nº 9.394, de 20 de dezembro de 1996, que estabelece as diretrizes e bases da educação nacional, para incluir no currículo oficial da Rede de Ensino a obrigatoriedade da temática "História e Cultura Afro-Brasileira", e dá outras providências, Brasília, DF: Presidência da República, 2003. Disponível em: https://bit.ly/3FZBNDm. Acesso em: 19 out. 2021.

BRASIL. *Lei nº 11.645*, de 10 de março de 2008. Altera a Lei nº 9.394, de 20 de dezembro de 1996, modificada pela Lei nº 10.639, de 9 de janeiro de 2003, que estabelece as diretrizes e bases da educação nacional, para incluir no currículo oficial da rede de ensino a obrigatoriedade da temática "História e Cultura Afro-Brasileira e Indígena". Brasília, DF: Presidência da República, jan. 2003. Disponível em: https://bit.ly/3vy5yX2. Acesso em: 19 out. 2021.

CARNEIRO, Aparecida Sueli. *A construção do outro como não-ser com fundamento do ser*. 2005. Tese (Doutorado em Educação) – Universidade de São Paulo, São Paulo, 2005.

GOMES, Nilma Lino. *O Movimento Negro Educador*: saberes construídos na luta por emancipação. 4. reimp. Petrópolis: Vozes, 2019.

GONZALEZ, Lélia. De Palmares às escolas de samba, tamos aí. *Mulherio*, São Paulo, ano 2, n. 5, p. 3, 1982. Disponível em: https://bit.ly/3aQNgqw. Acesso em: 19 out. 2021.

GONZALEZ, Lélia. Por um feminismo afrolatinoamericano. *Revista Isis Internacional*, Santiago, v. 9, p. 133-141, 1988a.

GONZALEZ, Lélia. A categoria político-cultural de amefricanidade. *Tempo Brasileiro*, Rio de Janeiro, n. 92-93, p. 69-82, 1988b. Disponível em: https://bit.ly/3lTCGFc. Acesso em: 19 out. 2021.

HOOKS, bell. *Ensinando a transgredir*: a educação como prática da liberdade. Tradução: Marcelo Brandão Cipolla. São Paulo: Martins Fontes, 2013.

NASCIMENTO, Beatriz. A mulher negra no mercado de trabalho. *Última Hora*, Rio de Janeiro, 25 jul. 1976. Disponível em: https://bit.ly/3DYvfTF. Acesso em: 19 out. 2021.

PAR. *Passo a passo para a criação do PPP*. [*S. l.*], 2020. Disponível em: https://bit.ly/3jeJQ5a. Acesso em: 19 out. 2020.

PINHO, Carolina Santos Barroso de. Pensamento feminino negro no Brasil: uma contribuição necessária para a transformação da realidade. *Boitempo Editorial*, São Paulo, n. 31, p. 114-125, 2018.

RAMOS, Elisa Urbano. *Mulheres lideranças indígenas em Pernambuco, espaço de poder onde acontece a equidade de gênero*. 2019. Dissertação (Mestrado em Antropologia) – Universidade Federal de Pernambuco, Recife, 2019.

RIBEIRO, Djamila. *O que é*: lugar de fala? Belo Horizonte, MG: Letramento, 2017. (Feminismos Plurais).

SCHUCMAN, Lia Vainer. *Entre o encardido, o branco e o branquíssimo*: branquitude, hierarquia e poder na cidade de São Paulo. São Paulo: Annablume, 2014.

VIEGAS, Amanda. Conheça a PAR. *PAR*, 23 nov. 2020. Disponível em: https://bit.ly/3n77vFW. Acesso em: 19 out. 2020.

UMA LEITURA DO PROJETO CULTURAS E HISTÓRIAS À LUZ DAS PEDAGOGIAS FEMINISTAS NEGRAS

Maria Fulgência Silva Bomfim

Este capítulo propõe-se a analisar o projeto Culturas e Histórias: Construindo Identidades na Escola, realizado pelo Instituto Odu Odara no Colégio Estadual Reitor Edgard Santos, em Feira de Santana, entre 2009 e 2010. Para isso, foram utilizados os materiais publicados no blog do Instituto Odu Odara, intitulado *Zambé nas Escolas*, os quais estão disponíveis para consulta on-line. A análise descritiva incidiu sobre fotos e vídeos, buscando identificar referências da pedagogia feminista negra nas práticas realizadas.

Este texto se justifica, primeiro, pela necessidade de refletir sobre a própria prática. É, portanto, um modo de celebração do que foi feito, compreendendo amorosamente as limitações do que foi possível fazer – sem lamentações, apenas entendendo que somos pessoas historicamente situadas que, como afirmou Paulo Freire, temos o direito e o dever de mudar o mundo:

> Não gostaria de ser homem ou de ser mulher se a impossibilidade de mudar o mundo fosse algo tão óbvio quanto é óbvio que os sábados precedem os domingos. Não gostaria de ser homem ou mulher se a impossibilidade de mudar o mundo fosse verdade objetiva que puramente se constatasse e em torno de que nada se pudesse discutir (Freire, 2000, p. 39).

Entendendo, como Paulo Freire, que para mudar é preciso sonho, utopia e projeto, situo o Culturas e Histórias no contexto das mudanças que ocorreram na educação brasileira no início do século XXI.

CONTEXTUALIZAÇÃO DA LEI 10.639: CONQUISTA DO MOVIMENTO NEGRO EDUCADOR

Nos últimos dezessete anos entrou em vigor um conjunto de dispositivos legais considerados como indutores de uma política educacional voltada para a afirmação da diversidade cultural e a concretização de uma educação das relações étnico-raciais nas escolas. Tal processo foi desencadeado a partir de 2003, com a publicação da Lei nº 10.639.

Essa virada legal não se deu por acaso; antes, é fruto e conquista do movimento negro. Nilma Lino Gomes (2017, p. 23) compreende movimento negro como "[...] as mais diversas formas de organização e articulação das negras e dos negros politicamente posicionados na luta contra o racismo e que visam a superação desse perverso fenômeno na sociedade".

No contexto pós-abolição – final do século XIX, quando a escolarização era privilégio das elites e o analfabetismo impedia a entrada das populações negras no mercado de trabalho –, a educação já era pauta prioritária nas lutas de negras e negros no Brasil. Ao longo do século XX ganhou destaque uma sequência de lutas históricas nessa direção, que se manifestaram através da chamada imprensa negra. Trata-se de vários jornais publicados nos anos 1920 que romperam com o imaginário racista e a ideia de inferioridade intelectual das pessoas negras ao destacar textos, estudos, artigos, reportagens e notícias de escolas antirracistas, que tinham professores e professoras negras à frente – convites para que adultos negros se alfabetizassem. São exemplos da imprensa negra o *Alfinete* (1918), o *Clarim da Alvorada* (1924) e *A voz da raça* (1933).

Além disso, também podemos citar: a Frente Negra Brasileira, uma organização de grande importância que em 1931 já elaborava propostas articulando educação escolar, preparação para o mercado de trabalho e formação política; a Convenção Nacional do Negro Brasileiro (1945); o Teatro Experimental do Negro (1944), tendo Abdias do Nascimento como expoente maior; o jornal *O Quilombo* (1948), fundado também por Abdias Nascimento, apresentando pautas de acesso à Educação Básica e Superior, bem como reivindicando estudos sobre a África, os africanos e seus descendentes no Brasil, além de programa de bolsas, num movimento precursor; o Primeiro Congresso Negro Brasileiro (1950), que já debatia o ensino da história do continente africano e dos seus povos no Brasil; o Movimento Negro Unificado (1978), que colocou a educação em geral e para a população negra, em particular, no debate público.

Em 1988, no Centenário da Abolição e ano da Constituição Federal, o Movimento Negro também avança em suas reivindicações em torno da educação. Em resposta, o conjunto de dispositivos legais que se seguiu demonstra uma mudança no cenário brasileiro posterior à Constituição, ao assegurar práticas afirmativas na Educação Básica brasileira.

Já na década de 1990, ganham destaque propostas mais radicais, a exemplo de ações afirmativas, cotas e outras políticas públicas. Em 20 de novembro de 1995 aconteceu a Marcha Zumbi dos Palmares contra o Racismo, pela Cidadania e pela Vida, reunindo cerca de 30 mil pessoas em Brasília que exigiam a criação de políticas públicas específicas para a população negra. A marcha foi determinante para o enfrentamento do racismo no Brasil. Em 1996 foi promulgada a Lei de Diretrizes e Bases da Educação, que trouxe um artigo pioneiro incluindo o estudo das contribuições africanas e indígenas no currículo escolar.

Em 2001, ocorreu a Conferência de Durban, África do Sul, um evento mundial de cujas deliberações o Brasil é signatário e após o qual foi criada uma plataforma de ação. A partir de então, o Instituto Brasileiro de Geografia e Estatística (IBGE) passou a utilizar o critério de autodeclaração de cor e raça, tendo influência sobre o desenvolvimento do Estatuto da Igualdade Racial (2010). Em 2003, foi promulgada a Lei nº 10.639. No ano seguinte, o Parecer do Conselho Nacional de Educação nº 03/2004 aprovou as Diretrizes Curriculares Nacionais para Educação das Relações Étnico-Raciais e para o Ensino de História e Cultura Afro-Brasileiras e Africanas. Em 2013, foi aprovado o Plano Nacional de Implementação das Diretrizes Curriculares Nacionais para a Educação das Relações Étnico-Raciais e para o Ensino de História e Cultura Afro-Brasileira e Africana (Secadi, 2013).

Assim como as leis, as ações afirmativas devem ser entendidas como resposta às lutas antirracistas que clamavam pela correção de desigualdades históricas que incidem sobre a população negra no país. Nesse sentido, no Brasil verificou-se um movimento que, de um lado, apontava a necessidade de romper com os currículos escolares que durante décadas desvirtuaram a história dos africanos e, de outro, possibilitou uma revisão dos planejamentos para a inserção de novas fontes e conteúdos para o ensino de história da África e afro-brasileira na Educação Básica.

Contudo, entre a publicação da lei e a sua implementação existe uma distância a ser percorrida. Isso exige mudanças nas ideias, que são resultado de práticas humanas, e estas dependem de uma tomada de posição política imprescindível para ultrapassar os limites impostos às pessoas negras por meio de sua visibilização em condições subalternas e aviltantes, quando não em situações de negação e invisibilização.

Para a implementação da lei tornou-se necessária a movimentação da escola, de professores e estudantes, principalmente da rede pública de ensino, entendendo que é nesse espaço que se encontra um número expressivo de estudantes negros, para os quais a educação ainda é a única – quando não a última – oportunidade.

A perspectiva crítica na abordagem do passado africano e afro-brasileiro visa garantir às/aos estudantes condições para que valorizem sua história, sua origem e reconheçam as diferenças sociais, econômicas e políticas, bem como os processos em que tais diferenças se prestam à hierarquização dos sujeitos e dos saberes.

A presença de estudantes negros colocou em pauta questões como o fracasso escolar. A análise dos dados da população que mais fracassa no sistema educacional mostra o resultado do racismo: a maioria dos alunos identificados com dificuldades de aprendizagem é também negra. Diante disso, é necessário observar *se* e *como* as unidades escolares implementam a Lei 10.639/2003, que estabelece a obrigatoriedade do ensino da história e cultura afro-brasileiras e africanas nas escolas públicas e privadas do ensino fundamental e médio. Conforme Lélia Gonzalez aponta, o *como* ganha relevância, pois:

> O discurso pedagógico internalizado por nossas crianças afirma que a história do nosso povo é um modelo de soluções pacíficas para todas as tensões e conflitos que nela tenham surgido. Por aí pode-se imaginar o tipo de estereótipos difundidos a respeito do negro: passividade, infantilidade, incapacidade intelectual, aceitação tranquila da escravidão, etc. [...] Assim como a história do povo brasileiro foi outra, o mesmo acontece com o povo negro, especialmente. Ele sempre buscou formas de resistência contra a situação sub-humana em que foi lançado (Gonzales, 1982, p. 90).

Ora, a educação para as relações étnico-raciais deve ser situada no contexto de políticas afirmativas que visam desenvolver ações educativas em todos os níveis de ensino. Nesse contexto as expectativas são extremamente altas, proporcionais às necessidades da sociedade brasileira, como é possível concluir dos objetivos e das atribuições da educação nos três níveis de ensino.

Portanto, é imprescindível entender que a aprovação da Lei 10.639/2003 se insere em um processo de luta pela superação do racismo na sociedade brasileira e tem como protagonistas o movimento negro, em coalizão com grupos e organizações partícipes das lutas antirracistas, com destaque para as feministas negras.

AS PEDAGOGIAS FEMINISTAS NEGRAS

Abordando a trajetória das pedagogias feministas no Brasil no período entre 1970 a 1990, Burginski (2011, p. 574) identifica, no plano internacional, o início do desenvolvimento das pedagogias feministas nos exercícios de partilhar experiências que eram comuns nos grupos comunitários de mulheres durante os movimentos feministas dos anos 1970. Já no Brasil, ainda segundo a autora, a elaboração e difusão das pedagogias feministas se deram a partir da progressiva abertura política, no final dos anos 1970, por mulheres que encamparam os grupos em defesa dos direitos humanos.

Entretanto, faz-se necessário ampliar a visão sobre o surgimento das pedagogias feministas, principalmente no tocante às pedagogias feministas negras. Como alertou o Coletivo Combahee River, em 1977:

> Antes de olharmos para o recente desenvolvimento do feminismo negro, gostaríamos de afirmar que encontramos nossas origens na realidade histórica da luta contínua de

> vida e morte das mulheres afro-americanas, luta pela sobrevivência e pela libertação (Pereira; Gomes, 2019, p. 197).

Pinho (2018), traçando um panorama dos estudos sobre o feminismo negro no Brasil, constata o aumento de publicações entre 1993 e 2017, observando o interesse pelo tema após a explosão do feminismo negro norte-americano. A autora identifica as teorias formuladas nesse período como "reflexo de uma movimentação realizada por mulheres negras ainda no século XIX" (2018, p. 120). Nesse sentido, o ponto de vista de Pinho contribui para entender que: "O que torna a crescente movimentação nas décadas de 1970, 1980 e 1990 peculiar é que há uma teorização de mulheres negras sobre suas próprias questões" (Pinho, 2018, p. 122).

É ainda Pinho quem nos convoca a recuperar pressupostos que fundamentam a teoria educacional em experiências teórico-metodológicas e existenciais:

> Se, enquanto mulheres negras, reivindicamos Sojourner Truth como uma precursora do conceito de lugar de fala, por exemplo, com seu discurso "E eu não sou uma mulher?" em 1843 em Ohio, se reconhecemos na emergência dos terreiros de candomblé na diáspora espaços de agência civilizatória africana encabeçados por Yalodês, por Yás, mulheres negras, será que faz sentido dizer que as pedagogias feministas negras surgem apenas nos anos 1970? (Informação verbal).[1]

1. Fala de Carolina Santos B. de Pinho em conversa de orientação pedagógica, 2020.

Sem sombra de dúvida, a resposta é não. Nesse conjunto de tradições que nasceu da tensão dialética entre a opressão sofrida e o ativismo, a desierarquização da sociedade em geral é um tema caro às pedagogias feministas, que alertam sobre a escola como um espaço onde projetos hierárquicos disputam hegemonia. Guacira Louro afirma que:

> Pensada como um novo modelo pedagógico construído para subverter a posição desigual e subordinada das mulheres no espaço escolar, a pedagogia feminista vai propor um conjunto de estratégias, procedimentos e disposições que devem romper com as relações hierárquicas presentes nas salas de aula tradicionais. A voz do/da professor/professora, fonte de autoridade e transmissora única do conhecimento legítimo, é substituída por múltiplas vozes, ou melhor, é substituída pelo diálogo no qual todos/as são igualmente falantes e ouvintes, todos/as são capazes de expressar (distintos) saberes (Louro, 2014, p. 117).

A hierarquização pressupõe vantagens para uma das partes envolvidas em relação. Problematizar as hierarquias no ambiente escolar é importante para compreender algo que a perspectiva feminista teima em ressaltar: não existe neutralidade epistemológica.

As pedagogias feministas, enquanto um modo de pensar os processos de ensino e aprendizagem, trazem conceitos-chave importantes, a exemplo da resistência à hierarquia, o que implica a "rejeição explícita da autoridade" (Louro, 2014, p. 118), visto que todos aprendem com todos; e a experiência vivida como recurso de aprendizagem, posicionando os saberes acadêmicos e pessoais no mesmo plano, com igual legitimidade (Louro, 2014, p. 117).

Situando a hierarquização como uma herança colonial que, na atualidade, se solidariza com estruturas opressoras patriarcais, masculinas, brancas e se perpetua nos currículos da educação escolar, entendemos que esta é uma herança perversa, com a qual é necessário romper:

> Descolonizar os currículos é mais um desafio para a educação escolar. Muito já denunciamos sobre a rigidez das grades curriculares, o empoderamento do caráter conteudista dos currículos, a necessidade de diálogo entre escola, currículo e realidade social, a necessidade de formar professores e professoras reflexivos e sobre as culturas negadas e silenciadas nos currículos (Gomes, 2012, p. 102).

Portanto, compreende-se que é preciso radicalizar a abordagem das hierarquias, visto que na escola se aglutinam arranjos sociais de gênero, classe e raça.

Diante da falta de reconhecimento dos saberes produzidos pelo movimento negro nas lutas por emancipação, Nilma L. Gomes (2012, p. 139) afirma que: "reconhecer e tornar credíveis os saberes produzidos, articulados e sistematizados pelo Movimento Negro para a prática e para o pensamento educador é tarefa da pedagogia das emergências (p. 139).

Pinho (2018) situa a pedagogia feminista negra entre as pedagogias críticas, ressaltando a necessidade de os sujeitos envolvidos no processo de ensino-aprendizagem compreenderem que têm um papel social, construído a partir de determinações como raça, gênero e classe, os quais modulam ações e interferem em seus projetos.

Embora o primeiro significado atribuído à educação pelas feministas negras seja político, visando a justiça social, Carolina Santos B. de Pinho (2018, p.124) aponta para "a urgência na divulgação e apropriação do conhecimento já produzido pelas mulheres negras", visto que os estudos já demonstraram a especificidade teórica e política na sua produção intelectual.

> A valorização do conhecimento científico produzido por e sobre mulheres negras parte da compreensão de que as mulheres negras são dotadas de racionalidade, se contrapondo ao que foi construído na história com a escravização de corpos negros, quando à mulher negra foi reservado o lugar daquela que está neste planeta para servir aos outros das mais diversas formas (Pinho, 2018, p. 119).

Portanto, como as pedagogias feministas negras ressaltam, um projeto de educação emancipatório tem o efetivo e importante engajamento das intelectuais negras para a sua fundamentação tanto teórica quanto prática, e suas bases político-epistemológicas podem ser sintetizadas, segundo Pinho (2018), em:

1. dialética entre teoria e prática;
2. auto-organização como fruto de autodefinição;
3. uso de teóricos clássicos da teoria crítica;
4. reconexão com tradições intelectuais subjugadas;
5. paradigma interpretativo baseado na interseccionalidade;
6. teoria do ponto de vista/lugar de fala;

7. experiência vivida como critério de cientificidade;
8. assunção explícita de um projeto político de sociedade que assume a luta antirracista;
9. encorajamento do empoderamento como ato político coletivo;
10. compromisso com a justiça social.

Destes pontos, destaco o quarto, o sétimo e o nono como úteis para balizar a análise do projeto Culturas e Histórias, relacionando-os a aspectos estéticos como música, arte e danças, bem como à corporeidade presente na capoeira enquanto importantes fontes de conhecimento sobre a história, a cultura e as lutas emancipatórias dos grupos subalternos e explorados no Brasil, a exemplo das populações negras, indígenas, rurais, das mulheres, dos idosos e das culturas ditas populares.

A origem do projeto Culturas e Histórias

O projeto Culturas e Histórias: Construindo Identidades na Escola tem origem em um dos programas do Instituto Odu Odara (Feira de Santana/BA), o Zambé nas Escolas, que dá nome ao blog em que se encontram os dados do projeto. Segundo descrição publicada na página do blog, Zambé nas Escolas é um "Programa que se articula com os demais do Instituto Odu Odara no processo de construção da identidade étnica na escola através de vários projetos" (Programa do Instituto Odara, 2021).

O projeto foi proposto pelo Instituto Odu Odara em 2008. Apresentava, de modo sistematizado, ideias e práticas que já estavam sendo experimentadas desde 2006. Teve boa recepção tanto dos gestores quanto dos alunos, em contatos preliminares com algumas escolas em Feira de Santana, a exemplo do Instituto de Educação Gastão Guimarães e do Colégio Estadual Reitor Edgard Santos.

Em 2008, surgiu uma oportunidade de testar a proposta, submetendo-a à apreciação para ingressar na Ação Griô[2]. Para tanto era necessário apresentar um projeto pedagógico elaborado em parceria com um educador de uma escola ou universidade pública envolvendo os Griôs e Mestres de tradição oral.

Então, para concorrer ao edital da Bolsa de Incentivo nº2 da Secretaria de Programas e Projetos Culturais do Ministério da Cultura, o Instituto Odu Odara aprimorou o formato didático do projeto Culturas e Histórias, revisou a justificativa, os objetivos e o plano de desenvolvimento e incluiu uma listagem de competências a serem desenvolvidas. Convidou os Mestres e formou uma equipe, distribuindo as atribuições segundo as aptidões dos integrantes. O projeto foi selecionado. Após o cumprimento das etapas burocráticas de praxe, a execução foi programada para ter início em 2009.

2. O Grãos de Luz e Griô é um ponto de cultura, uma associação comunitária, uma rede de famílias e comunidades que nasceu em 1995, fundada juridicamente em 2001. Ganhou o primeiro lugar do Prêmio Itaú Unicef 2003 entre 1.834 projetos no Brasil, sendo também o primeiro no Prêmio Democratização Cultural 2008, pelo Instituto Votorantim, Destaque no Prêmio Cultura Viva 2007, além de ter recebido outros prêmios regionais. O Grãos de Luz e Griô já participou de quatro festivais e encontros internacionais de culturas populares e tradições orais.

A partir daí, passou a fazer parte da Ação Griô Nacional, resultado da parceria entre a instituição Grãos de Luz e Griô e o MinC. O projeto Culturas e Histórias juntava suas propostas às de seiscentos pontos de cultura espalhados pelo Brasil. Associações, escolas, universidades e 650 Griôs e Mestres bolsistas reconhecidos por suas comunidades uniram esforços para institucionalizar práticas pedagógicas integrando saberes da tradição oral com os currículos de educação formal para cerca de 130 mil estudantes brasileiros (Ação Griô Nacional, 2009, p. 7).

DESCRIÇÃO DA EQUIPE DO PROJETO CULTURAS E HISTÓRIAS

Dentre os critérios para a avaliação e classificação do projeto, o perfil dos componentes da equipe teve um papel destacado. Tratando-se de Ação Griô, o saber dos mais velhos é o foco principal e a experiência é mais importante que o saber escolarizado, embora sem pretensão de substituí-lo. Conforme a publicação da Ação Griô consultada:

> Griô é uma palavra abrasileirada pelo ponto de cultura Grãos de Luz e Griô, de Lençóis, Bahia. Vem de griot, da língua francesa, que traduz a palavra Dieli (Jéli ou D'jeli), que significa o sangue que circula, na língua bamanan do povo Mandê (Malinkê ou Mandinga), habitante do território do antigo império Mali, noroeste da África [...] (Ação Griô Nacional, 2009 p. 3).

O fator idade tem um papel primordial, pois é ao longo do tempo que os saberes vão sendo experienciados, alicerçando a base para três diferentes níveis de atuação. Atendendo à solicitação do edital, o Instituto Odu Odara assim formulou a sua concepção sobre os Mestres de Tradição Oral:

> Os Mestres de Tradição Oral, em seu círculo de atuação são respeitados pela sabedoria que adquiriram com as experiências e vivências. Conhecedores e ensinadores de seus ofícios, são geralmente despercebidos em outros círculos. A sua presença em ambiente escolar servirá, entre outras coisas, para o fortalecimento de sua autoestima e a criação de vínculos com as gerações mais jovens.

É possível identificar aqui uma aproximação com o item 7 das bases e fundamentos da pedagogia feminista negra: a experiência vivida servindo como critério para apoiar a atuação dos Mestres na sala de aula, reconhecendo em sua sabedoria individual um lugar de autoridade sobre os conteúdos a serem ministrados aos alunos. Para compor a equipe foram convidados: Antonio A. de Almeida, o Mestre Gago, com saberes da capoeira, do samba e da confecção de instrumentos; e Marta L. Pereira, com saberes sobre lendas, mitologias e brincadeiras indígenas.

Num estágio de amadurecimento intermediário, o Griô é alguém que está se preparando para o grau de Mestre, atuando próximo a este. Segundo a concepção do Instituto Odu Odara:

> Os Griôs, atuantes em movimentos culturais e históricos, estão próximos dos Mestres, partilham saberes e fazeres, presenciam e vivenciam experiências de formação e

> transmissão de conhecimentos de boca e ouvido. A promoção de vivências socioculturais em ambiente escolar com a presença dos Griôs é necessária para que as novas gerações tenham a oportunidade de reencontrarem e manterem sua humanidade.

Para a posição de Griô foram convidadas duas mulheres: Francisca S. C. Silva, a Vó Chica, de origem rural, com saberes de experiências rurais, cantorias, causos e artesanato; e Maria Natalice J. Brito, a Natal, com saberes das religiões de matriz africana, lendas, mitologias e brincadeiras africanas.

No estágio inicial dessa formação está o Griô Aprendiz, o mais jovem da equipe, construindo sua experiência junto aos Mestres e Griôs, sobre o qual o Instituto Odu Odara tinha, na época, a seguinte concepção:

> O Griô Aprendiz é uma peça-chave para a interlocução entre Griôs e Mestres da Tradição Oral e a comunicação escolar. O Griô Aprendiz é o elo de ligação entre diferentes saberes que estão dentro e fora dos muros escolares, parceiro facilitador de experiências pedagógicas para a promoção da cultura no desenvolvimento de conhecimentos e construção de identidades.

Com base nos critérios estabelecidos pelo edital e visando a realização do projeto proposto pelo Instituto Odu Odara, formou-se uma equipe, composta por pessoas do Instituto e da unidade escolar, a saber: uma representante institucional – Maria; um Griô Aprendiz – Fabrício; dois Mestres de tradição oral – Mestre Gago e Martinha; Griô de tradição oral: Vó Chica e Natal, e uma professora da unidade escolar parceira – Márcia.

CONTEXTO ESCOLAR EM QUE O PROJETO CULTURAS E HISTÓRIAS SE ESTABELECEU

No momento em que o projeto foi aprovado pelo MinC, o Colégio Estadual Reitor Edgard Santos mostrou-se como a escola parceira ideal. Do ponto de vista operacional, a escola está localizada relativamente próxima da sede do Instituto Odu Odara, o que facilitaria o deslocamento da equipe e o transporte dos materiais necessários para o desenvolvimento do projeto. Além disso, a recepção da equipe gestora, mais especificamente da vice-diretora do turno vespertino, foi determinante. Os objetivos propostos pelo projeto lhe pareceram muito atraentes:

> Ressignificar as manifestações culturais de origem afro-brasileira para colocá-las em relação em outras manifestações culturais de diferentes origens, com a colaboração de pessoas de reconhecido saber, representantes de organismos ligados às temáticas afrodescendente, religiosa e cultural popular, dentro da proposta das Diretrizes Curriculares Nacionais para a Educação das relações Étnico-Raciais e para o Ensino de História e Cultura Afro-brasileira e Africana.

Algumas condições lhe pareceram bastante propícias, a saber: a formulação dentro das Diretrizes, a reunião de pessoas competentes para dar cumprimento ao proposto e o foco na cultura. Além de aliviar o peso das questões mais polêmicas, o projeto implementaria a Lei 10.639/2003 na escola, visto que alguns professores ainda não se sentiam suficientemente preparados para isso, enquanto outros simplesmente se negavam a implementar a lei, alegando que precisavam "dar conta dos conteúdos de sua disciplina".

Na perspectiva das pedagogias feministas negras, identifico nos objetivos citados uma aproximação com item 4 das bases e fundamentos sistematizados por Pinho (2018, p.123), ou seja, um esforço de "reconexão com tradições intelectuais subjugadas", nas quais se localizam saberes geralmente desconsiderados enquanto fonte de conhecimento.

O modo de organização da escola seguia o padrão vigente na rede estadual: seriado, com formato disciplinar, em que cada professor/a isolado/a em sua área de conhecimento dá tratamento fragmentado a conteúdos específicos em aulas com objetivo de promover o/a aluno/a à série seguinte, mediante avaliação.

Nesse contexto, o projeto propunha um outro formato, como se lê na sua justificativa:

> Para dar cumprimento à lei 10.639 propõe-se a elaboração de oficinas temáticas, de caráter essencialmente interdisciplinar, abordando os aspectos sociais, políticos e culturais de diferentes manifestações culturais a serem desenvolvidas em atividades voltadas à educação para as relações positivas entre diferentes regiões, etnias, religiões, gerações, gêneros, saberes e etc. em parceria com pessoas de reconhecido saber representantes de

> organismos ligados às temáticas afrodescendente, religiosa e cultural popular.

A proposta de oficinas deslocava, ainda que temporariamente, o princípio fundamental do funcionamento da escola, a aula e seu agente principal, o/a professor/a, contribuindo para a desierarquização dos saberes, seguindo – embora ainda não tivesse entrado em contato com elas – as trilhas abertas pela pedagogia feminista negra, que "imaginava[m] modos pelos quais o ensino e a experiência de aprendizado poderiam ser diferentes" (hooks, 2013, p. 15).

DESCRIÇÃO DO BLOG DO PROJETO CULTURAS E HISTÓRIAS

Analisando os arquivos do blog, observa-se que as postagens começaram em junho de 2009, com dados retroativos a novembro de 2005, ano de origem do Instituto Odu Odara.

Quanto ao projeto Culturas e Histórias, foram geradas 26 postagens em 2009, ano de início das ações do projeto, e 26 em 2010, ano de conclusão das atividades. Dentre as primeiras postagens, merece destaque o vídeo intitulado "Ação do Programa Zambé nas Escolas Feira de Santana – Bahia", que apresenta um momento importante do lançamento do projeto Culturas e Histórias no Colégio Estadual Reitor Edgard Santos.

Registros postados no blog *Zambé nas Escolas* evidenciam que a integração festiva, alegre e movimentada dos Griôs com alunos, professores e funcionários foi a dinâmica predominante ao longo do desenvolvimento do projeto Culturas e Histórias, tanto nas oficinas temáticas quanto nas culminâncias, afastando o "tédio e [a] apatia onipresentes que tomavam conta das aulas" (hooks, 2013, p. 15).

Nesse sentido, ao introduzir manifestações culturais de natureza diversa para análise, crítica e interpretação, o projeto contribuiu para a construção de referenciais positivos para a convivência respeitosa e solidária.

A PRÁTICA NA ESCOLA

O projeto Culturas e Histórias tinha um Plano de Desenvolvimento com previsão de conteúdos, atividades especificamente pensadas para a implementação dos conteúdos propostos com o uso de alguns recursos e equipamentos.

O Griô Aprendiz Fabrício exerceu pacientemente a função de mediador entre a instituição proponente e a unidade escolar que aceitou o projeto. Em diálogo com a vice-diretora do turno vespertino, Fabrício apresentava a cada unidade letiva uma agenda semanal contemplando todas as turmas do Ensino Fundamental e do Ensino Médio daquele turno.

Todas as quartas-feiras, a partir do segundo horário, durante 1 hora/aula, uma turma se dirigia à sala da biblioteca da escola – local reservado para a execução das atividades do projeto – acompanhada pelo/a professor/a, para um encontro com a equipe do Culturas e Histórias. Em alguns momentos, porém, em vez de reservarem o espaço da biblioteca, os Griôs se instalaram nas áreas abertas da escola (nos corredores, no pátio ou no estacionamento), onde os alunos se dirigiam para participar das atividades. Não bastava sair da sala de aula; era preciso ocupar outros espaços da escola e colocá-los a serviço do ensino e do aprendizado.

Cada Mestre tinha a incumbência de apresentar conteúdos específicos, relacionados ao seu saber. E aqui é possível identificar aspectos de empoderamento que se situam no nível do engajamento dos Mestres nas ações individuais e coletivas do projeto Culturas e Histórias. Mestre Gago proporcionou momentos de teoria e prática da capoeira. Foi no corredor da escola que ele dispôs varas de beriba, pneus usados, serrote etc. para realizar uma oficina de confecção de berimbau em todas as suas etapas. A Mestra Chica Cirandeira, como mulher da zona rural, trouxe as memórias de trabalho, causos, cantorias e religiosidades roceiras. A Mestra Martinha, estudiosa das culturas indígenas, convidou-nos para uma viagem ao passado, quando indígenas eram os donos da terra. Mestra Natal, religiosa de matriz africana, trouxe a riqueza da mitologia iorubá, além de brincadeiras africanas.

Além do engajamento de cada Mestre, é possível também considerar aspectos de empoderamento feminino. Marinho e Gonçalves (2016), analisando práticas de empoderamento na América Latina, localizam o conceito em meio a debates teóricos e conflitos políticos, cuja utilização se dá de acordo com a necessidade e intenção ideológica de quem dele se apropria. Entendendo o caráter político do empoderamento, as autoras ressaltam a sua potência para a concepção e avaliação de práticas que visam promover a autonomia e a superação de desigualdades de poder em que as mulheres se encontram.

Nesse sentido, constata-se que nem a Ação Griô nem o projeto Culturas e Histórias tinham bandeiras feministas, nem a questão de gênero estava colocada. Entretanto, quando a Ação Griô ampliou o título de Mestre para mulheres e representantes de outras expressões culturais, interferiu de forma positiva sobre o cenário cultural, no qual se verificava o reconhecimento de Mestre restrito aos capoeiristas.

Além disso, a destinação de bolsa (*pró-labore*) para os Mestres inaugurou um novo momento em que se reconhece financeiramente o trabalho cultural do Mestre, situando-o na cadeia produtiva da cultura. Esse é um dado importante que certamente contribuiu para o engajamento dos Mestres e das Mestras.

A PARTICIPAÇÃO DA COMUNIDADE ESCOLAR

Mestres e Mestras ocuparam o centro do acontecer pedagógico na escola, ministrando seus conhecimentos feitos de experiências vividas a um público formado por professores, estudantes e funcionários, que atentamente escutavam e olhavam. Além de ouvir e ver o que os mestres tinham a mostrar, a contar e cantar, todos eram também convidados a interagir, a vivenciar performances com variadas nuances, demonstrando assim os aprendizados construídos.

Assistindo aos vídeos do projeto é evidente a ebulição causada pelos Mestres na unidade escolar. As aulas foram suspensas para permitir a reunião de todos no pátio nos momentos de abertura e culminância. No pátio lotado, a gritaria dos estudantes saúda a participação dos colegas, professores e funcionários.

Atendendo ao convite para recontarem os saberes que tinham aprendido com as ações realizadas pelo projeto, os estudantes fizeram uma representação que foi filmada e editada por Fabrício, posteriormente exibida em todas as salas para estudantes, professores e Mestres.

CONCLUSÃO

A análise proposta foi guiada pelo sentimento de que, apesar de todas as ações que já foram e continuam sendo realizadas nas escolas, o preconceito e o racismo ainda persistem. A realização de um projeto pedagógico é testemunha dos esforços diuturnamente empreendidos por parte da sociedade civil que se compromete com a pauta antirracista junto com a escola para trabalhar saberes e fazeres afro-brasileiros contidos na história e na cultura, na ausência de uma ação efetiva e necessária do Estado brasileiro.

Quem teve a oportunidade de participar de uma iniciativa de implementação da Lei 10.639 avançou, foi tocado em seu íntimo, teve seu pensar e seu agir modificados, como se observa nas falas, nas práticas, nas respostas, nas interações de professores, alunos e ativistas, seja por meio escrito, oral ou atitudinal.

Entretanto, a realização de ações para a educação antirracista não significa que a batalha contra o preconceito e o racismo está vencida. Ao contrário, o racismo encontra novas formas de persistir. Sendo assim, a cada ano letivo, quando novos atores entram no cenário escolar, a comunidade se renova nos alunos, professores e gestores, que têm direito ao conhecimento da história e da cultura afro-brasileiras.

Os contextos políticos local, nacional e mundial também sofrem variação, impactando a educação e aprofundando as desigualdades sociais e econômicas, com interferências sobre o acesso ao conhecimento sistematizado. Os desafios para a implementação da Lei 10.639 se atualizam, exigindo dos docentes uma atuação em alerta constante.

Na medida em que busquei identificar contribuições da pedagogia feminista negra para compreender essas ações já realizadas, nas dimensões do que, como, por quem e para quem foi feito, concluo reconhecendo os limites da educação escolarizada no que diz respeito à efetiva implementação da Lei 10.639, bem como os avanços da escola decorrentes da articulação com uma proposta cultural empenhada em colaborar com a ação pedagógica escolar e os recuos políticos que reacendem os preconceitos, trazendo de volta o espectro do racismo estrutural.

Maria Fulgência Silva Bomfim nasceu em Pau Brasil, Bahia, em 28 de dezembro de 1965. É filha de João e Aurelina Silva Bomfim; mãe de Giancarlo, Joana Grazziele e Larissa Gabrielle e avó de Maria e Ana. Fez Licenciatura em História (1997) e Mestrado em Literatura e Diversidade Cultural (2003) pela Universidade Estadual de Feira de Santana. É professora de História na Educação Básica da rede pública estadual em Feira de Santana BA. Capoeirista e ativista cultural, é fundadora e coordena, voluntariamente, o Instituto Odu Odara, desde 2005.

Contato: maful.auctor@gmail.com

REFERÊNCIAS

AÇÃO GRIÔ NACIONAL. Feira de Santana: Grãos de Luz e Griô, 2009-2010.

BRASIL. Constituição (1988). *Constituição da República Federativa do Brasil*. Brasília, DF: Presidência da República, 1988. Disponível em: https://bit.ly/3lTB2n9. Acesso em: 18 out. 2021.

BRASIL. *Lei nº 9.394*, de 20 de dezembro de 1996. Estabelece as diretrizes e bases da educação nacional. Brasília, DF: Presidência da República, 1996. Disponível em: https://bit.ly/3n1FNue. Acesso em: 20 out. 2021.

BRASIL. *Lei nº 10.639*, de 9 de janeiro de 2003. Altera a Lei nº 9.394, de 20 de dezembro de 1996, que estabelece as diretrizes e bases da educação nacional, para incluir no currículo oficial da Rede de Ensino a obrigatoriedade da temática "História e Cultura Afro-Brasileira", e dá outras providências. Brasília, DF: Presidência da República, 2003. Disponível em: https://bit.ly/3FZBNDm. Acesso em: 20 out. 2021.

BRASIL. Ministério da Educação. Conselho Nacional de Educação. *Parecer nº 03*, de 10 de março de 2004. Diretrizes Curriculares Nacionais para a Educação das Relações Étnico-Raciais e para o Ensino de História e Cultura Afro-Brasileira e Africana. Brasília, DF: ME/CNE, 2004. Disponível em: https://bit.ly/3pmyG2u. Acesso em: 20 out. 2021

BRASIL. *Lei nº 12.288*, de 20 de julho de 2010. Institui o Estatuto da Igualdade Racial; altera as Leis nos 7.716, de 5 de janeiro de 1989, 9.029, de 13 de abril de 1995, 7.347, de 24 de julho de 1985, e 10.778, de 24 de novembro de 2003. Brasília, DF: Presidência da República, 2010. Disponível em: https://bit.ly/3pjYPyC. Acesso em: 20 out. 2021.

BURGINSKI, Vanda Micheli M. *Educação e Gênero*: uma leitura sobre as pedagogias feministas no Brasil (1970 - 1990). Revista de Ciências da Educação. Ano XIII - Nº 24 - I semestre, 2011. UNISAL - Centro Universitário Salesiano de São Paulo. ISSN - 1518-7039. Programa de Mestrado em Educação. Americana/SP, 2011

FREIRE, Paulo. *Pedagogia da indignação*: cartas pedagógicas e outros escritos. São Paulo: Editora Unesp, 2000.

GOMES, Nilma Lino. Relações étnico-raciais, educação e descolonização dos currículos. *Currículo sem Fronteiras*, v. 12, n. 1, p. 98-109, 2012.

GOMES, Nilma Lino. *O movimento negro educador*: saberes construídos nas lutas por emancipação. Petrópolis: Vozes, 2017.

GONZALES, Lélia. O movimento negro na última década. *In*: gonzales, Lélia; hasenbalg, Carlos. *Lugar de negro*. Rio de Janeiro: Marco Zero, 1982. p. 9-43

HOOKS, bell. Ensinando a transgredir: a educação como prática da liberdade. São Paulo: Editora WMF Martins Fontes, 2013.

LOURO, Guacira Lopes. *Gênero, sexualidade e educação*: uma perspectiva pós-estruturalista. Petrópolis: Vozes, 2014.

MARINHO, Paloma Abelin Saldanha; gonçalves, Hebe Signorini. Práticas de empoderamento feminino na América Latina. *Revista de Estudios Sociales*, Bogotá, n. 56, p. 89, 2016.

PEREIRA, Stefania; gomes, Letícia Simões. Tradução: Manifesto do Coletivo Combahee River. *Plural*, São Paulo, v. 26, n. 1, p. 197-207, 2019. Disponível em: https://bit.ly/3i9ahc5. Acesso em: 20 out. 2021.

PINHO, Carolina Santos Barroso de. Pensamento feminino negro no Brasil: uma contribuição necessária para a transformação da realidade. *Margem Esquerda*: Boitempo, n. 31, p. 114-125, 2018.

PINHO, Carolina Santos Barroso de. Chamada para reflexão em momento de orientação escrita individual. Curso de extensão pedagogia feminista negra. 2020

PROGRAMA INSTITUTO ODARA. Zambé nas Escolas, 2021. Disponível em: https://bit.ly/2Z5dFhE. Acesso em: 19 nov. 2021.

SECADI – SECRETARIA DE EDUCAÇÃO CONTINUADA, alfabetização, diversidade e inclusão. *Plano nacional de implementação das diretrizes curriculares nacionais para a educação das relações étnico-raciais e para o ensino de história e cultura afro-brasileira e africana*. Brasília: Ministério da Educação, 2013.

Organização: Carolina Pinho e Tayná V. L. Mesquita
Revisão: Mônica Silva e Vanessa Ferrer
Diagramação: Natalia Bae
Capa: Gustavo Piqueira/Casa Rex
Desenho da capa: Amma
Direção editorial: Rogério de Campos
Assistência editorial: Luiza Gomyde (estágio)

Dados Internacionais de Catalogação na Publicação – CIP

P854 Pinho, Carolina, Org.; Mesquita, Tayná Victória de Lima, Org.
Pedagogia Feminista Negra: primeiras aproximações / Organização de Carolina Pinho e Tayná Victória de Lima Mesquita. – São Paulo: Veneta, 2022.
(Selo Serpente)
288 p.

Curso de Extensão Pedagogia Feminista Negra, Universidade Estadual de Feira de Santana (UEFS), 2020.

ISBN 978-85-9571-160-0

Educação. 2. Educação Multicultural. 3. Pedagogia. 4. Feminismo. 5. Racismo. 6. Pensamento Feminista Negro. 7. Teoria Educacional Critica. 8. Bases e Fundamentos da Pedagogia Feminista Negra. 9. Políticas Públicas. 10. Educação Infantil. 11. Gênero. 12. Direitos Humanos. 13. Marxismo. 14. Política Educacional. I. Título. II. Pinho, Carolina, Organizadora. III. Mesquita, Tayná Victória de Lima, Organizadora. IV. Passos, Maria Clara Araújo dos. V. Chagas, Urânia Santos das. VI. Williams, Santos, Rívia de Jesus. VII. Oliveira, Laila Fernandes de. VIII. Odara, Aline. IX. Amaral, Elisa Amanda Santos do. X. Gonçalves, Carolina Aparecida. XI. Mendes, Magali. XII. Bomfim, Maria Fulgência Silva. XIII. Selo Serpente.

CDU 37.01 **CDD 370**

Catalogação elaborada por Regina Simão Paulino - CRB 6/1154

Editora Veneta / Selo Serpente
R. Araújo, 124, 1º andar – 01220-020 – São Paulo, SP – Brasil
www.veneta.com.br | +55 11 3211-1233 | contato@veneta.com.br